HOW TO THINK TACTICALLY

如何进行目标思考

（英）查尔斯・菲利普斯◎著
郭世雄　周丽萍◎译

时代出版传媒股份有限公司
北京时代华文书局

图书在版编目（CIP）数据

如何进行目标思考 / (英) 查尔斯·菲利普斯著 ; 郭世雄 , 周丽萍译 .
-- 北京 : 北京时代华文书局 ,2016.10
书名原文 : How to think-Tactical Thinking
ISBN 978-7-5699-0715-5

Ⅰ . ①如… Ⅱ . ①查… ②郭… ③周… Ⅲ . ①智力游戏 Ⅳ . ① G898.2

中国版本图书馆 CIP 数据核字 (2016) 第 233068 号

北京市版权著作权合同登记号：01-2016-6671

This edition published in Great Britain in 2011 by Connections Book Publishing Limited

如 何 进 行 目 标 思 考

著　　者 | (英) 查尔斯·菲利普斯　著
译　　者 | 郭世雄　周丽萍

出 版 人 | 杨红卫
选题策划 | 阳光博客
责任编辑 | 陈丽杰　袁思远
装帧设计 | 阳光博客
责任印制 | 刘社涛
营销推广 | 阳光博客

出版发行 | 时代出版传媒股份有限公司　http://www.press-mart.com
北京时代华文书局 http://www.bjsdsj.com.cn
北京市东城区安定门外大街 136 号皇城国际大厦 A 座 8 楼
邮编：100011　电话：010 - 64267120　64267397
印　　刷 | 北京美图印务有限公司　010-65433767 转 803
（如发现印装质量问题，请与印刷厂联系调换）
开　　本 | 870×1092mm　1/32
印　　张 | 5
字　　数 | 40 千字
版　　次 | 2016 年 11 月第 1 版　2016 年 11 月第 1 次印刷
书　　号 | ISBN 978-7-5699-0715-5

定　　价 | 35. 00 元

THINK TACTICALLY | 目录

中级 · 正式练习

高级·思维升级

前　言

那些产业大亨是如何走上人生巅峰的？只是艰苦奋斗吗？那些最顶尖的政客是如何安排竞选策略、紧跟时代精神、击败竞争者的？

真相是，他们都是出色的策略大师。他们能够清楚地洞悉事业前进的方向。即使面对着巨大的压力和繁杂琐碎的日常工作，他们依然坚持朝着目标努力。因此，他们能够把握住突然造访的机遇。他们逻辑严密，思路清晰，能够在恰当的时刻做出适当的反应。

你是否也具有这样的特质？先来看一看下面提供给你的场景设定，在这样的境遇之下，看看你能否为面对的难题找出完美解决方案。

河畔城交易会

你所在的小公司坐落于拜格，主要经营帆布包的进口和加工。你的老板让你去河畔城商品展销会开辟一个新的销售点。这个展销会是今年箱包产业内最重要的一次盛会。你的老板法布里齐奥·拜吉奥要结婚了，他带走了公司的信用卡。你自己的信用卡已经透支，因此这一路上你只能依靠身上仅有的 500 美元。

在飞往河畔城的飞机上，你遇到了戴夫·迪柏斯。他是你的主要竞争者“拜格西公司”的老板，也是你的老对手。他一直缠着你，向你吹嘘他怎样就能轻易打败你。因此，你的情绪很糟糕，但是当你下了飞机看到来接你的妹妹格蕾丝，你的情绪就变好了。格蕾丝是一个还处在奋斗期的艺术家，她住在河畔城。她激动地跟你说她唱的福音音乐刚得了一个国家大奖，她就要去她的丈夫威尔组织的教堂募款晚会上献唱了！而且有一个国家电视台的音乐节目制作团队要来录像。

在会议举行当晚，由于连续 3 天的大暴雨，河畔城的会展中心被洪水淹没了，商品展销会不得不临时取消。河畔城市长宣布，由于城区内有许多外地的客商和客户，城区街道两侧将不再限制摆摊设点。

不幸中的万幸，你的产品样品和材料都没有损坏。你决定寻找一个新的场所设立销售点。但是洪水很严重，城里只有一个地方安然无恙——在山上，格蕾丝要进行表演的教堂。

格蕾丝说，观雨山上只有一间大厅最适合——在教堂前那条路的尽头。你尝试拨打大厅管理者的电话，但是没有打通。当你走到那里时，大厅的经理埃尔维斯•琼斯告诉你，想要使用这个大厅需要花费 500 元钱。你不想花光身上所有的钱，不然你就没钱给客户买饮料和食物了。正在这时，戴夫·迪柏斯凑上来想付全款，他甚至想多给 50 块钱。埃尔维斯跟你说，因为你是先来的，如果你能付满 500 块，他就把大厅租给你。他把手机号给了你，要求你在 10 分钟之内考虑好，给他发短信。

你冒雨沿着路一直走，坐在教堂的墙下，你看到威尔和他的同事们正在募款晚会上分发食物。

接着戴夫·迪柏斯走近你，提出来一个看似慷慨的想法。他要求你们俩分担租金共同使用大厅，他会给你 1/3 的利润和 1/4 的新客户资源。

你该怎么做？真的要付全款吗？还是跟戴夫合作？或者冒着大雨在路边摆摊？你该选择哪种方法？你该怎么做？你该怎么思考？

如果你了解目标思考，上述这个难题，也许你很轻易就能找出解决方案。即便你不懂，没有关系，本书能为你提供宝贵的指点，教导你像那些成功者一样进行目标思考，并练习相关的思考能力。

如何进行目标思考

书中特别编排的题目能够锻炼你的专注力，提高逻辑推理能力和视觉能力，提高创造力，最终提高整体的目标思考能力。许多题目要求你在思考每一步行动的后果的同时考虑多种可能性，就像在棋盘上排兵布阵一样。这些经过精挑细选的考验能够提高多种与目标思考相关的能力。那么，目标思考究竟能为你带来什么好处呢？

一叶障目，不见泰山

目标思考能让你料敌先机，运筹帷幄。但是，要做到这一点，你需要全身心地投入到手头的工作当中，并且提前规划下一步的行动，最重要的是要将现在的工作与远期目标结合起来。要想专注于工作，就要保证目标始终如一。你要在着手工作的同时保持警醒，目光长远，不忘初心。你需要规划好时间，充分利用手中掌握的资源，尽量提高工作效率。

关键的第一步就是将目光放长远。如果你卡在当下某个问题上，就没法纵观全局。你的目标是什么？看看自己现在做的事是不是有助于完成目标。换句话说，既要看得见一棵树木，又要看得见整片森林。

战略？战术？

商业和管理教科书上将操作性思维、目标性思维和战略性思维区分为不同的词汇。在术语范畴中，目标思维从属于战略思维。职业经理人往往规划好战略之后，还会制定数个目标让战略平稳运行。

对于我们来说，要同时考虑目标和战略思维。它们都是你在面对挑战、解决问题过程中的关键武器。

演讲与创造力

有策略的工作需要优秀的口头表达能力。你需要言之有物，语言通顺流畅。你需要具有良好的逻辑思维和辩论技巧。

有时还需要能够出其不意地行动，跳出套路的窠臼。

别急着行动

不要忘了，策略性反应可是真刀真枪的行动。正如你所知道的，要想玩转策略，就要时刻将目标铭记在心，统筹规划好每一步的行动。因此，你要自己学着慢慢来，慎言慎行。

心存希望，展望未来

目标思考似乎只是工作时需要运用的技巧：应对问题，设立目标，达成目标。但同时它也是你日常生活中不可或缺的技巧。当你运用目标思考法进行思考的时候，就是在谋划通往目标的终南捷径。本书中锻炼的目标思考技巧能够帮助你提高筹算计划能力，为你创造更光明的未来。那就让我们开始吧！翻过这页，集中精力，学习目标思考法吧！

本书谜题

本书中的题目共分为 3 个等级。每个题目都有相应的限定时间。设定限时是为了给读者施加一些小小的压力——我们在有目标的时候能工作得更好，比如限定时间。但是不要太担心这些限制，它只不过是用来提供一些指导性意见。如果你发现自己无法在规定时间内完成题目，也请放松心情。要特别注意那些标识着“加时题”的题目，你需要额外时间来完成它们。不是因为它们难度太大，而是因为需要在准备工作上额外花一些功夫。

书中有一些相似版本的题目，这是为了给读者提供更多的训练。在读者可能会觉得需要帮助的地方我们设了一些提示。另外，书的最后会再次出现首页你看到的难题，你完全可以去《实战训练》一下！来给你的新能力进行一次快速的测试，建议在 10～15 分钟内完成，反复考虑“实战训练”中出现的一系列问题，同时也可以记些笔记写下一些自己的思路。

你会发现，随着你所掌握的新技能逐渐提高，你面对压力统筹全局的能力也会越来越强，你就可以最终达成自己的目标，成为一个机智的谋略家。那么，请你翻到下一页，开始进行目标思考吧!

谜题难度等级	限定时间
初级 = 热身入门	1~2 分钟
中级 = 正式练习	3~4 分钟
高级 = 思维升级	5~6 分钟
加时题	6 分钟以上
实战训练	10~15 分钟

50

道培养目标
思考的题目

Go

记住

按照步骤行事但是要着眼于

目标

专注运用

目标思考

THINK
TACTICALLY

初级

热身入门

本书第一部分的题目能为你的目标思考活动进行热身。它们经过认真设计，可以提高你的专注力，锻炼你的视觉能力和统筹布置的能力。这一部分的练习需要你具有预测能力，同时对整体思考能力的提高也是很有帮助的，因为它们真的能让你的脑细胞燃烧起来。

题目01 西蒙的符号Ⅰ

游戏开发者西蒙为一款掌上电脑开发了这个简单的符号游戏。屏幕上显示着方格和方格里的图形，右侧和底部有数字——如图所示。每个符号都代表一个不同的数字。要想使侧面和底部的数字成为每行每列符号代表的数字之和，玩家就要找到每个符号（圆圈，十字，五边形，方形和星形）相对应的数字。西蒙用这道题来考他的朋友派珀。你能够帮助她解开这个符号密码吗？

时限：1~2 分钟

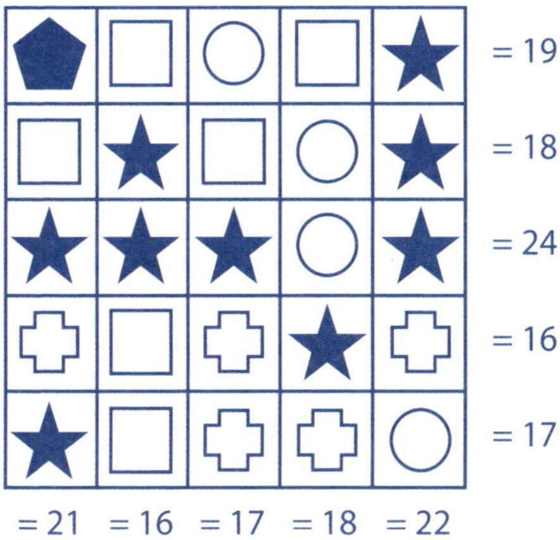

提示：

试试从第三行和最右一列着手，先解出星形代表的数字。

题目 02 乔瓦尼的冰淇淋谜题 I

咖啡馆老板乔瓦尼发明了一款“生日特供冰淇淋”。每个冰淇淋球上都有一个巧克力字母，能拼成过生日的人的名字以示祝贺。后来在数学老师诺亚的派对上，乔瓦尼出了一道如右图所示的谜题。

这些字母按照字母表中的顺序代表 1～26 不同的数字。你能帮助诺亚破解这个神秘的密码，解答出问号所代表的字母是什么吗?

时限：1~2 分钟

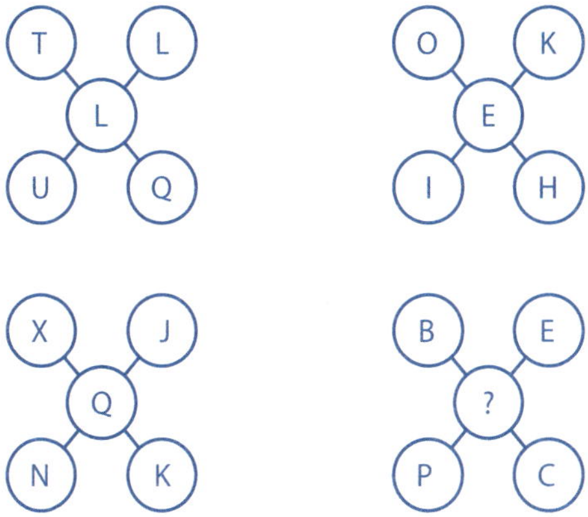

提示：

将字母转换为数字之后，你该怎么得出中间的数字呢？比如在第一份甜点中，中间的数字和周围四个数字有什么关系？

题目03 数字横谷 I

阿德里安将这个数字横谷游戏编写在一部他创作的侦探小说中。小说中的英雄主人公亚瑟是一位数学教授，后来成了私人侦探。亚瑟找到了几条线索，但他需要把正确的答案填进方格中。你能帮帮他吗？这些数字都是整数，各不相同，数值在 1 ~ 63 之间（包括 1 和 63），有 2 个数字已经填进表格中了，从它们开始吧。

加时题

1 A1 = C2 + C3 或者 C2 − C3

2 A2 = A1 + D2

3 A3 = C3 ÷ B2

4 A4 = A3 + B3 或者 B2 + B3

5 B1 = A2 + C1 或者 A2 − C1

6 B2 = C3 的 1/3

7 B3 = C3 + D4

8 B4 = A4 − A3 或者 A4 − D4

9 C1 = A4 的 1/3

10 C2 = B4 + C1

11 C3 = 11 或者 12

12 C4 = A1 ÷ A3

13 D1 = B2 + C3

14 D2 = C4 + D3 或者 C4 − D3

15 D3 = C1 的 1/3

16 D4 = A3 × D1

	1	2	3	4
A				
B				
C			12	
D			7	

提示：

画图表能将这种题目中的数字关系更清晰地显示出来。

题目04 威尔逊爷爷的战舰游戏 I

威尔逊爷爷是一位退休的历史老师。他根据著名的纸上游戏“战舰”设计了自己的独创版本。在他这个版本的游戏中，表格旁边的数字代表每一行每一列中被占领的方格或者成组的相连接的被占领方格。他把这个游戏交给他的双胞胎孙子尼尔和内森玩。他跟孩子们说：“你要把3艘巡洋舰，3条快艇和3个浮标填进下面的表格中，还要与边上的数字相契合。”

时限：1~2分钟

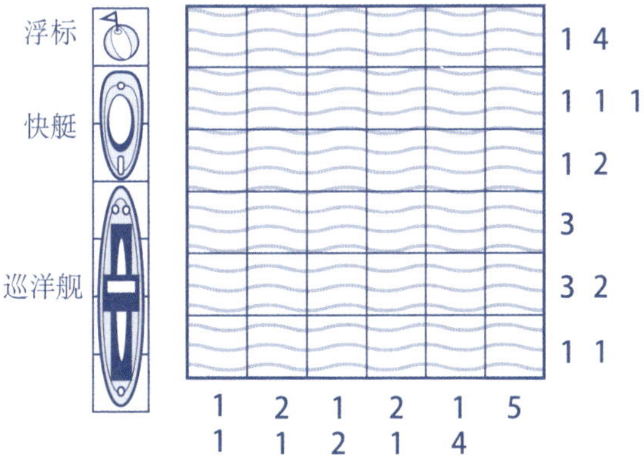

提示：

观察最左边一列和最上面一行，你会发现左上角方格中应当填入一个浮标。

题目05 “数学帮”的T恤衫

创意满满的老师戈德斯坦组建了一个课后数学兴趣俱乐部，他称这个俱乐部为“数学帮”。他设计了一个数字方格（如右图），印在T恤衫上发给俱乐部成员。但在最后一刻，他决定将一些数字涂黑，使得每行每列中都没有重复的数字。

他打电话给印刷师哈桑说：“请遮住一些数字，使得每行每列中都没有重复的数字。但是注意：被遮住的数字（涂黑的方格）不能在垂直方向或水平方向上相邻（但能在某一角相邻）。没有被涂黑的方格必须在水平或竖直方向上相接。”你能帮帮哈桑吗？

时限：1~2分钟

4	3	4	2	5	4
2	1	3	1	4	2
4	5	1	4	3	2
4	2	1	5	1	5
5	4	2	1	4	3
1	1	4	3	2	5

提示：

从最上方一行开始看起来比较简单。

题目06 数字填字游戏 I

在这个独创的数字填字游戏中，每行每列都包含相同的数字和运算符号，但是它们的排列顺序各不相同。你能找出正确的顺序将数字和符号填入右图使等式全部成立吗？

时限：1~2 分钟

4	x	2	−	6	+	1	=	3
							=	26
							=	30
							=	10
=		=		=		=		
12		4		6		14		

提示：

在开始填数字之前，你要先写下 4，2，6，1 用 ×、+、− 所能连接的各种方式以得出图中的数字。

题目07 气球游戏

这里有 4 个气球，其中 2 个白色、2 个蓝色，上面都印有数字。气球被重新排列过，你能从下面的线索中找出新的排列方式吗?

1. 奇数相邻。
2. 白气球相邻。
3. 最左手边的数字是它右边数字的 2 倍。

时限：1~2 分钟

提示：

你可以从线索 3 开始着手。

题目08 艾利奥特的数字方格

物理专业学生艾利奥特和莫里斯找了一份保安的工作，挣点零花钱。有一天，正当工作百无聊赖的时候，艾利奥特设计了这个数字方格游戏。他跟莫里斯说：“把这 8 个小方格组填到大方格里，让相邻的数字相同。这些小方格组可以旋转但不可以翻转。”你能帮助莫里斯完成这个任务吗？

时限：1~2 分钟

3	1
3	4

1	2
1	2

4	1
3	1

4	2
1	1

4	1
4	3

2	2
3	2

4	1
4	1

1	3
4	1

		2	4		
		3	4		

提示：

试试从左下角的方格组开始着手。

题目 09 数字屋 I

维克拉姆在玩一个名叫“数学屋”电子教学游戏时，在第一关遇到了这个题目。他在房间里看到了一个 4×4 的方格。如右图所示。要穿过这个房间，他必须将 4、6、7、7、8、8、10、10、10、10、10、11、12、12、13、14 这几个数字填进方格中，使得每行每列和两条对角线的数字之和都等于 38。他该怎么做呢？

时限：1~2 分钟

提示：

如果把以上数字中和为 38 的所有组合方式都列出来能不能帮助你做题?

题目10 奥瑟姆先生的债务

奥瑟姆先生（A）欠布里安特小姐（B）50 美元，德利米夫人（D）欠查明先生（C）40 美元。他们的还债关系如右图所示。这五笔债务该怎样简单地用两笔钱解决呢？

时限：1~2 分钟

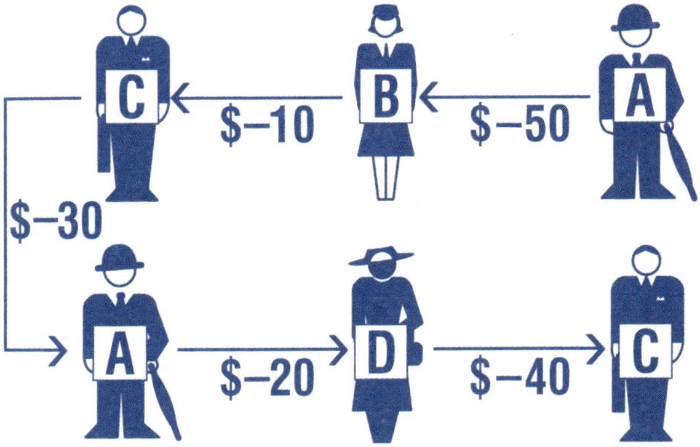

提示：

算出每个角色的财务状况。

题目 11 六角天堂 I

设计师伊曼纽尔为他的侄子乔治和迭戈设计了这个六边形数字谜题，要求他们把小六边形填进中间的格子中，使小六边形之间相邻的三角形中的数字相同，而且六边形不能被旋转。你能帮帮孩子们吗？

时限：1~2 分钟

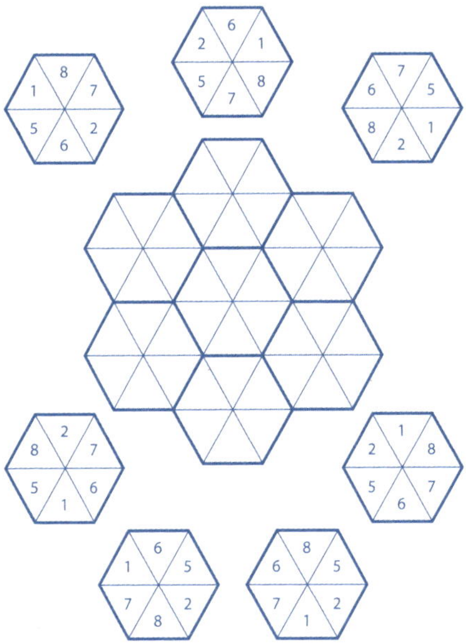

提示：

做好准备，准备一根铅笔，一块橡皮，因为你可能需要做大量的尝试。给你一条提示——格子里最底下的三角形中，数字应该是 1。

题目12 “L-O”游戏 I

哲学老师艾拉设计了这个“L-O”游戏测验学生的洞察力、逻辑能力和目标思维能力。右图有12个L形图案，一共有4种类型，每种类型3个。每个L形图案上都有一个O形的洞，这12个L形图案都被安插在中间的方格中了。通过图中O形孔洞的位置，你能确定L形图案的位置吗？

这些L形图案可以被旋转和翻转，但相同种类的L形图案不能相邻，即使在边角上也不能相接。这些L形图案拼合严密，只能从右图中看到O形孔洞，只能通过它们来帮助你破解谜题。

加时题

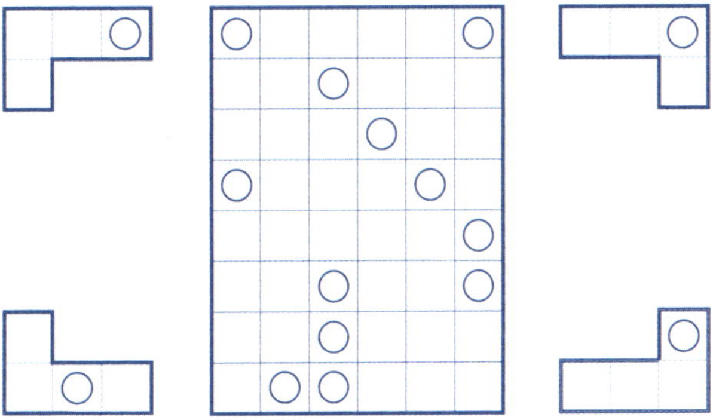

提示：

最上方一行的两个 L 形图案朝向同一个方向。

题目 13 数字接龙 I

下面的表格中的数字都是相连的。你能把下面的数字按照填字游戏的方式都填进表格中来吗？图中已经给出了一个数字，助你开始。

3 位数
128
247
592
659

4 位数
1951
2407
3915
4876
5033
7262
8124
9368

5 位数
~~18935~~
22514
31970
43703
55662
63058
74906
76149
80231
91427

6 位数
290857
462479
736724
815256

7 位数
1759236
2034719
3403834
3532382
4374193
5521411
5539957
6701014
7012450
7368351
8297012
8827064
9638357
9748536

加时题

18935

题目14 德拉戈将军的学院 I

德拉戈将军用这个练习题来训练军事学院学生的策略能力。将军把军营营地的平面图展示给了他们（如右图），图中标识了树木。将军要求学生将帐篷的标志填入图中，要求帐篷要在树的上方、下方或两侧，而且两顶帐篷不能相邻（水平，竖直，对角线均不能相邻）。平面图右侧和底部的数字代表每一行每一列中须包含的帐篷数目。请你尝试一下解决这个问题，看看自己在学院里能否出类拔萃。

时限：1~2 分钟

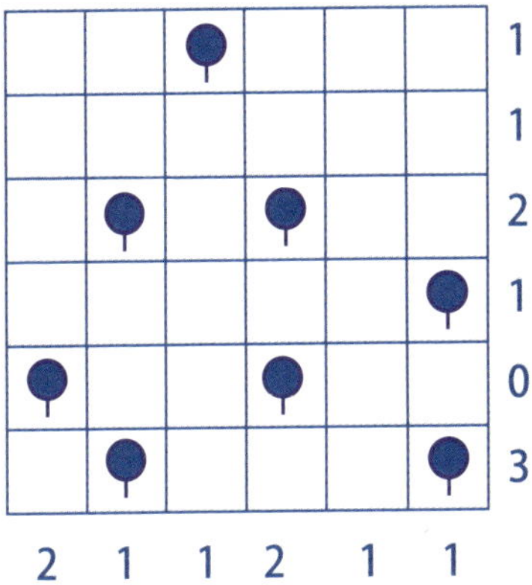

提示：

从底部的两行开始着手。

题目15 棒球帽上的星星

你喜欢艺术家杰罗米设计的棒球帽图案吗？他对这些图案在市场摊位上的摆放顺序要求非常严格。但是今天他身体不舒服，他的哥哥埃德温需要替他排列这些图案。方框里的4个图案中，哪一个可以填入图中空缺的地方？记住要完美契合图案的排列规律。

时限：1~2分钟

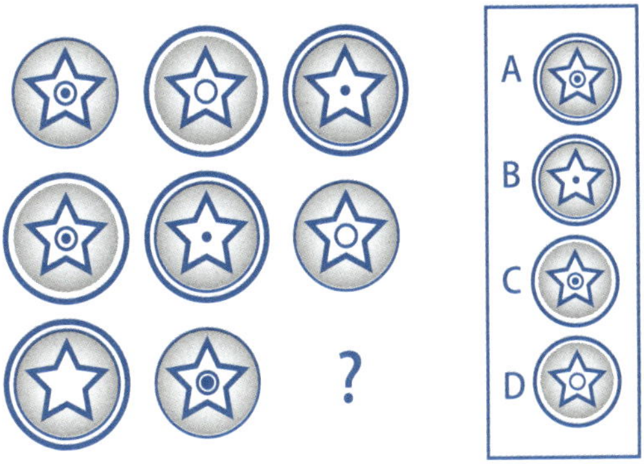

提示：

不要忽视星星外侧圆圈的细节。

题目16 梅尔的象棋挑战

梅尔和马文这对老伙计喜欢在“老理发馆”咖啡店下国际象棋。不下棋的时候，他们就互相给对方出难题。右图是梅尔给马文出的一道题。图中的马文应该怎样走才能用 11 步走过这个区域内所有剩下的 11 个方格呢？如果你是马文，你该怎么做？

时限：1~2 分钟

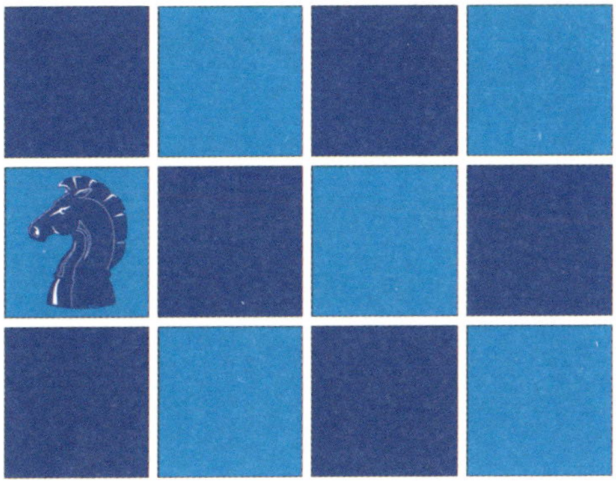

提示：

记住：走 L 形的路线——水平方向走两格，竖直方向走一格，或者水平方向走一格，竖直方向走两格。

THINK
TACTICALLY

中级

正式练习

在这一部分中，我们开始挑战中级题目。它们能提供更严格的练习，提高你的目标思维能力。这些视觉题目、数字题目、语言题目需要你谨慎对待、精明算计，寻找其中的联系和规律。如果你觉得有些题目太难，就请休息一下。科学家告诉我们，我们在全身心投入，被挑起兴趣的时候，思维更加活跃。

题目17 山姆的数独游戏 I

山姆的女朋友格蕾丝是个谜题狂热爱好者，因此他给格蕾丝设计了一套数独游戏题目。你能帮助格蕾丝完成右侧图中的填空吗？注意要做到每个 3×3 的方格、每一行、每一列都包含 1～9 的数字。

加时题

6				5	7	4	9	
				9		5		6
	9	5						
							4	2
	5		4		6		8	
8	3							
						1	2	
9		3		1				
	1	2	7	8				3

提示：

从数字最多的区域开始。

题目18 威尔逊爷爷的战舰游戏 II

这是威尔逊爷爷给他的两个孙子，尼尔和内森设计的第二个战舰游戏。和前一个游戏一样，表格旁边的数字代表每一行每一列中被占领的方格或者成组的相连接的被占领的方格数。游戏任务是要把 3 艘巡洋舰，3 条快艇和 3 个浮标填进右面的表格中，还要与边上的数字相契合。你能帮帮他们吗？

时限：3~4 分钟

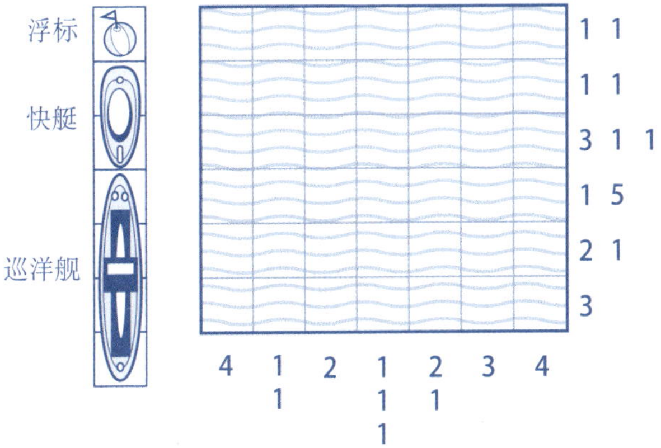

提示：

从最边上的两列中的任选一列开始着手，因为这两行中都包含一艘巡洋舰。

题目19 字母探险家 I

费米在玩一款名叫“字母探险家”的手机游戏时遇到了这个游戏题目。他快要绝望了，因为地理实在不是他的强项。你能帮帮他吗？每个椭圆形图案都要包含一个从 A～K 的字母，运用下列线索确定字母的位置。（线索描述的是字母间的相对位置）

1. B 在 A 的正西侧，A 在 J 的正北侧，两者相邻。
2. E 在 D 的偏东侧。
3. G 在 E 的正北侧，在 C 的正西侧。
4. I 在 H 的正北侧，两者相邻。H 在 F 和 C 的偏北侧。
5. K 在 D 的正北侧，在 F 的正西侧。

时限：3~4 分钟

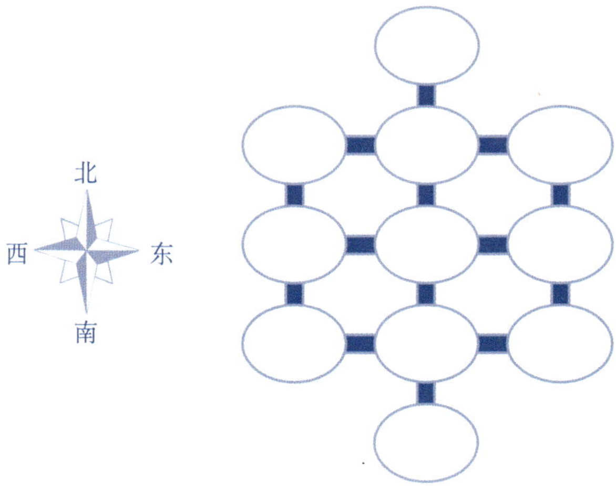

提示：

用铅笔试着画画相对位置图或者把这个图抄到草稿纸上尝试。

题目20 多米族

劳埃德为他的多米诺骨牌游戏网站“多米族”设计了这个题目。一副标准的多米诺骨牌一共28张，如右图所示摆放。玩家需要用鼠标在边框内划动。在纸面上应该怎么做呢？你需要找的数字组合都展示在右图的表格中，并且其中一张多米诺骨牌已经被选出并放入图中了。

时限：3~4分钟

				1	5				
			5	6	0	0			
			2	2	4	0			
	2	3	6	1	3	3	3	5	
5	5	4	4	1	5	2	0	1	2
0	6	1	2	6	6	4	5	3	4
	3	0	0	2	4	5	1	3	
			6	3	6	1			
			2	4	4	6			
				0	1				

0-0	0-1	0-2	0-3	0-4	0-5	0-6
✓						

1-1	1-2	1-3	1-4	1-5	1-6	2-2

2-3	2-4	2-5	2-6	3-3	3-4	3-5

3-6	4-4	4-5	4-6	5-5	5-6	6-6

提示：

可以尝试从相同数字的多米诺骨牌开始找。

题目21 符号转换 I

表格中的每行每列都包含一个圆形、一个菱形、一个方块、一个三角形和两个空白方格，它们可以按任意顺序排列。每个带有蓝色箭头的符号代表在箭头所示方向上遇到的第一个符号，每个带有白色箭头的符号表示在箭头方向上遇到的第二个符号。你能完成这个表格吗？

时限：3~4 分钟

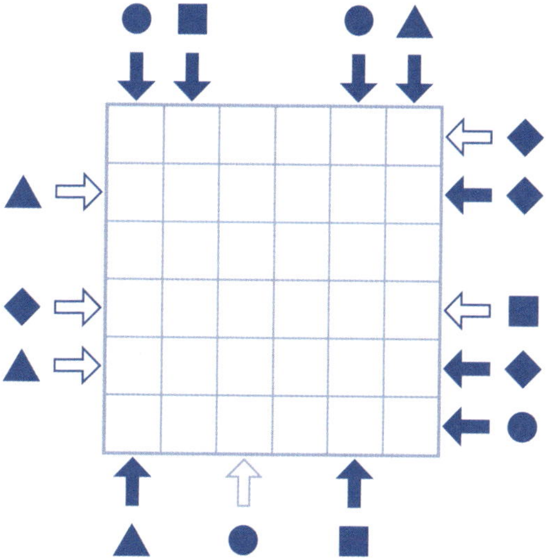

提示：

第一列上的圆形图案离箭头起点不远。

题目 22 表格方块组 I

你能把图 (2) 中的 12 个方块组填到图 (1) 的表格里吗？这些方块组可以被旋转或翻转，但是它们相互之间不能相接。表格旁的数字代表每行每列中连续的蓝色方块数目，比如 3，2 代表在一行中，开头是数目不等的空白方块，接着是 3 个连续蓝色方块，然后是至少 1 个空白方块，然后是 2 个连续蓝色方块，最后是若干空白方块。

加时题

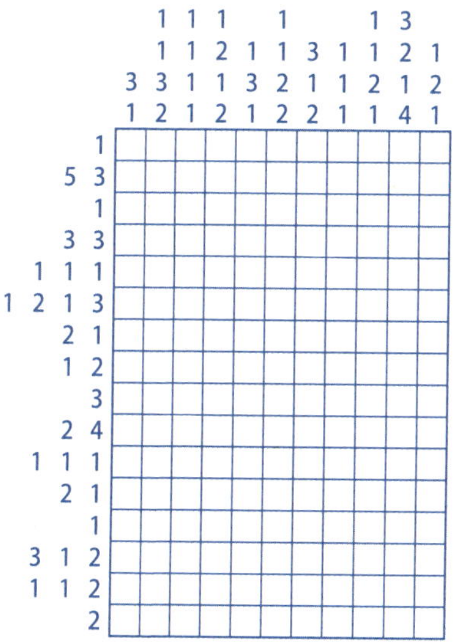

图(1)

图(2)

提示：

上数第二行有 5 个连续方块，如果从这里开始看起来比较简单。

题目23 数字屋Ⅱ

维克拉姆在“数字屋”游戏（详见题目 9）的第二等级中遇到了另一道难度更大的数字方格题。这次他发现他处于一片沙漠之中，要越过流沙他必须将 5、6、8、9、9、10、11、11、12、13、13、13、14、16、18、20 这几个数字填进方格中，使得每行、每列、两条对角线的数字之和都等于 47。

加时题

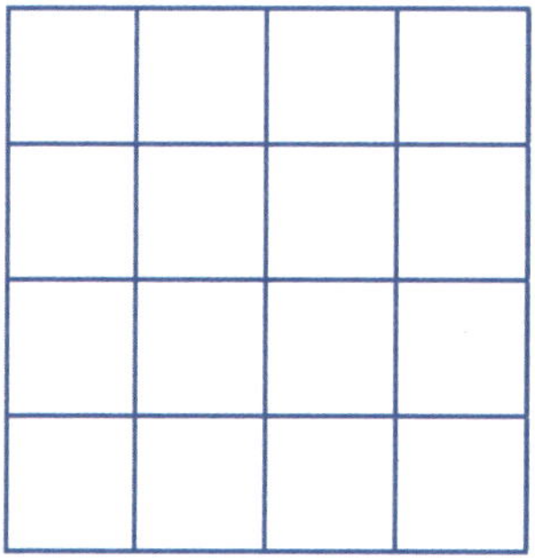

提示：

11+11+12+13 是和为 47 的其中一种组合方式。要解决这个谜题，把所有和为 47 的数字组合方式都列出来是不是有用?

题目 24 克里斯蒂亚诺的翻棋子游戏

医学学生克里斯蒂亚诺索罗在假期打工卖冰淇淋时设计了这个翻棋子游戏。每个棋子都是一面蓝，一面白。每翻转一个棋子的时候，要把与它相邻的棋子也都翻转过来，如右边打叉的棋子的翻转方式。如果在三步之内要让所有的棋子都蓝面朝上，你该怎么做?

时限：3~4 分钟

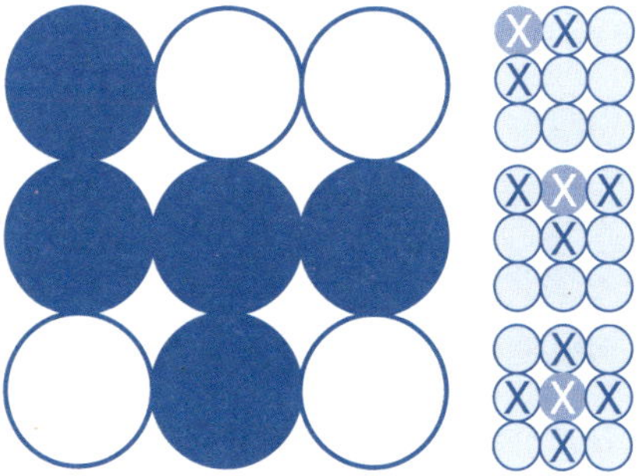

提示：

参考右边的棋子翻转方式。

题目25 杰姆的盒子里是什么？

数学教授杰夫人收养了 7 个儿子，名字分别是吉姆、乔、杰克、杰夫、乔丹、贾梅尔、杰姆。你能破解下面的密码，得出杰姆盒子代表的数值吗？

第一步：先查看第二组中男孩们的盒子上已经被连起来的水平横线，然后与第一组 A～H 几个图案相匹配。比如，A 到 H 中只有一个盒子有两条水平横线。

第二步：推断出各字母所代表盒子与男孩的盒子的对应关系后（根据水平横线推断得出），把所有斜对角的连线和竖直的连线画到男孩们的盒子上再检查一遍。盒子中部如果有白色圆圈，则一定有对角线（右上左下或者左上右下）。

第三步：推断出所有男孩的盒子与之对应的字母标示

时限：3~4 分钟

盒子后，写下每个男孩的盒子所代表的数值。（比如盒子 C=17）

第四步：得出所有男孩的盒子代表的数值之后，找出隐藏的数值排列顺序。

第五步：破解数列之后，你就能算出杰姆的盒子数值。

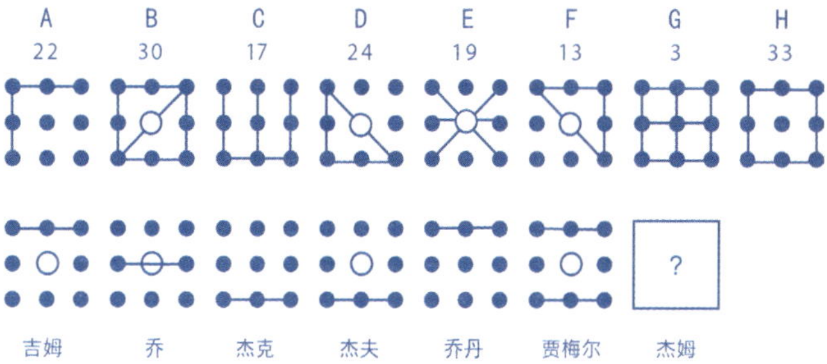

提示：

吉姆和乔丹的盒子上只有一条水平横线，且在最上端，它们一定与 A 或 F 相对应。但是注意 A 和 F 只有一个盒子有对角线。

题目 26 数字填字游戏 II

这是第二个更难的数字填字游戏（详见题目 6）。每行每列都包含相同的数字和运算符号，但是它们的排列顺序各不相同。你能找出正确的顺序，将数字和符号填入右图，使水平方向上和竖直方向上的等式全部成立吗？

时限：3~4 分钟

9	−	5	x	7	+	8	=	36
							=	54
							=	42
							=	52
=		=		=		=		
74		34		25		50		

提示：

从结果反推算式会不会更简单一些？比如把 50 除以 5，然后试试其他数字。

题目27 奥尔加的生日挑战

鲍里斯和奥尔加在年满 60 岁之后，养成了一个有趣的家庭传统。在奥尔加生日那天，鲍里斯不送生日礼物，而是出一道谜题，反之亦然。这个数字符号题目是奥尔加在鲍里斯 70 岁生日那天给他出的。

规则如下：大方阵中的每一个方格都要包含一个数字和一个图形。每行每列都要包含不同的数字和图形。整个方阵中的图案和数字组合不能重复。

加时题

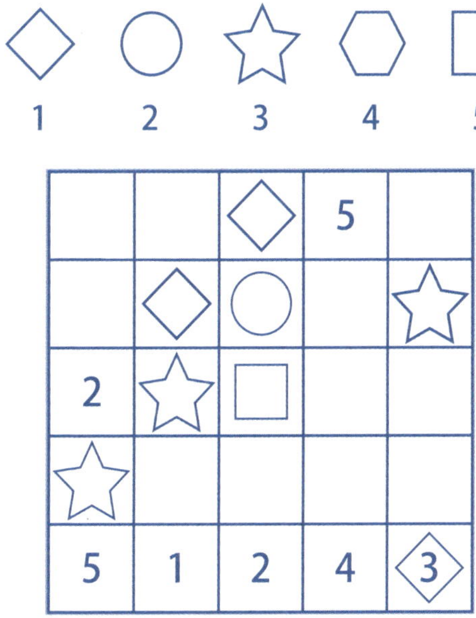

提示：

也许最佳方案是先解决图形的排列组合，然后再填数字？

题目 28 莫里斯的数字方格

莫里斯非常喜欢解答他的朋友艾利奥特出的数字方格题（详见题目 8）。因此他做保安值夜班时，给艾利奥特出了一道稍难一些的数字方格题。跟前次一样，规则如下：把右侧上图 8 个小方格组填到大方格里，让相邻的数字相同。这些小方格组可以旋转，但不可以翻转。

时限：3~4 分钟

4	3
1	1

2	2
4	4

4	2
2	4

1	2
4	4

2	3
3	1

4	4
3	4

3	2
1	4

4	2
1	3

				4	2
				3	2

提示：

左上角和右下角的数字方格有相同的数字。

题目29 方格跳舞

右侧 4 个方格需按如下要求重新排列。你能根据以下线索找出新的排列顺序吗?

1. 有星星图案的方格与有三角形图案的方格不再有垂直的相邻边。

2. 其中一个方格没有变动位置。

3. 有星星的方格现在到了第一行。

4. 星星仍在圆的右边。

时限：3~4 分钟

提示：

从移动带星星图案的方块开始着手解决这个题目。

题目30 德拉戈将军的学院Ⅱ

德拉戈将军的军事学院学生们没有保持营地整洁，所以将军早晨6点叫他们起床，要求他们做完这个目标思考题目之后再罚跑。将军把军营营地的平面图展示给他们（如右图），图中标识了树木。将军要求学生根据以下规则将帐篷的标志填入图中。

每棵树的旁边一定要画一顶帐篷。帐篷必须紧邻树的上方、下方或两侧，而且两顶帐篷不能相邻（水平、竖直、对角线均不可）。平面图右侧和底部的数字代表每一行每一列中须包含的帐篷数目。你能帮助学生们满足将军的要求吗？

时限：3~4分钟

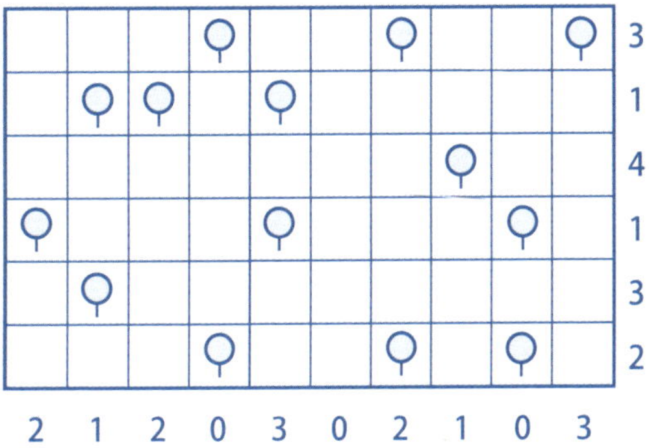

提示：

试试从没有帐篷的地方开始。

题目 31 数字接龙 II

这是另一个数字接龙游戏（详见题目 13）。你能把下面这些数字填进右侧的方格中吗？像上次一样，一个数字已经被填入方格中以便于你开始解答。

3 位数
745
764
817
870

4 位数
1574
1965
2815
4157
6209
6918
7522
7553

5 位数
14552
25361
26839
38426
42615
53027
61463
~~79964~~
86538
98533

6 位数
405496
412237
709825
780735

7 位数
1230872
1263207
2123871
2313852
3350958
3491267
4077202
4383619
5073587
5571903
6832343
7816591
8618730
9265786

加时题

7
9
9
6
4

题目 32 “多米族”酒盘

多米诺骨牌谜的狂热爱好者劳埃德制作了这个金属酒盘来推广他的游戏网站“多米族”（参见题目 20）。这个酒盘上印着各种图案（如右图所示）和吸引人的多米诺骨牌轮廓。这个题目的任务是把这些图案分割成多米诺骨牌的样式（每张牌包括两个图案）使得 10 张多米诺骨牌各不相同——每块都独一无二。

时限：3~4 分钟

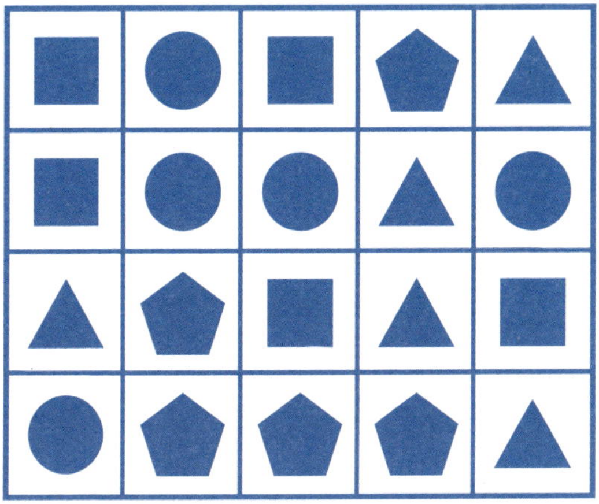

提示：

考虑一下在划分多米诺骨牌时，相同的图案是应该分到一起，还是应该分开。

题目33 格雷戈里的卡牌游戏 I

格雷戈里为布雷治镇桥酒吧的伙伴们发明了这个名叫"卡牌推理"的逻辑思维卡牌游戏，下面是他给朋友安顿出的一道题目，你能帮助他解决这道题目吗？格雷戈里问道："右图中每张牌的牌面数值和花色分别是什么？"所有牌的牌面数值之和为81。12张牌的牌面数值各不相同，每张牌的牌面数值与它的自然排序数字相同。比如A=1，J=11，Q=12，K=13。相同颜色的牌不能在水平方向和竖直方向上相邻，而且每行有4种不同的花色，每列有3种不同的花色。

加时题

1. 方片 4 紧挨在梅花 7 的右边，梅花 7 紧挨在方片 5 的下边。方片 5 和另一牌面值为 8 的花色不同。

2. 黑桃 Q 紧挨着 K 的上边，K 紧挨在 A 的右边。

3. F 牌的牌面数值比 H 牌小 3。B 牌比 G 牌的牌面数值大 2。

4. 梅花 J 与 2 相邻（横向或竖向）。

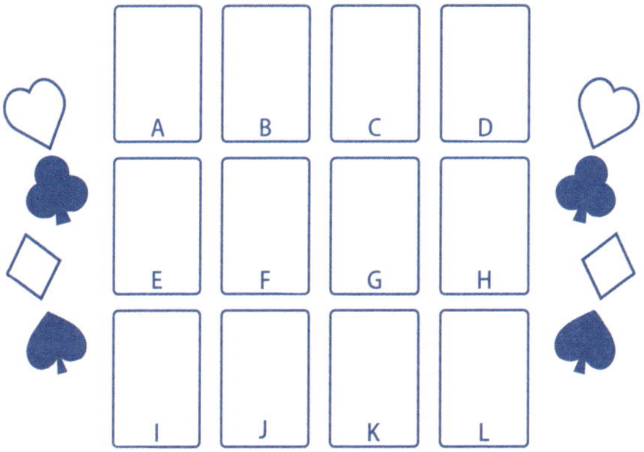

题目34 西蒙的符号 II

这是西蒙为一款掌上电脑游戏开发的第二个符号游戏（详见题目 1）。像上次一样，每个符号都代表一个不同的数字。要想使侧面和底部的数字成为每行每列符号代表的数字之和，那么每个符号（圆圈、十字、五边形、方形和星形）所代表的数字分别是多少？

时限：3~4 分钟

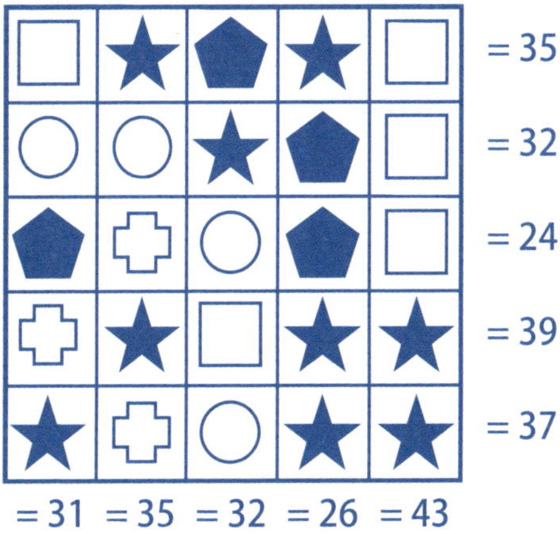

提示：

把表格抄下来，用铅笔试试各种可能的数值。

THINK
TACTICALLY

高级

思维升级

要解决本书第三部分的题目，你需要更加努力。这部分题目能为你的目标思维提供最严苛的训练。这些挑战需要细致的注意力和洞察规律的能力，要把每个任务的目标记在心里。你要注意，有时候需要你发挥自己的创造力和直觉。记住，这些练习应该给你带来欢乐。最后你会成为一个思维更敏捷，更优秀的谋略家。如果你能保持一个积极心态，就能享受到许多乐趣。

题目35 符号转换 II

这是第二道让你一试身手的符号转换题（详见题目21）。表格中的每行每列都包含一个圆形、一个菱形、一个方块、一个三角形和两个空白方格，它们可以按任意顺序排列。每个带有蓝色箭头的符号表示该符号为箭头所示方向上遇到的第一个符号，每个带有白色箭头的符号表示该符号为箭头方向上遇到的第二个符号。你能完成这个表格吗？

时限：5~6 分钟

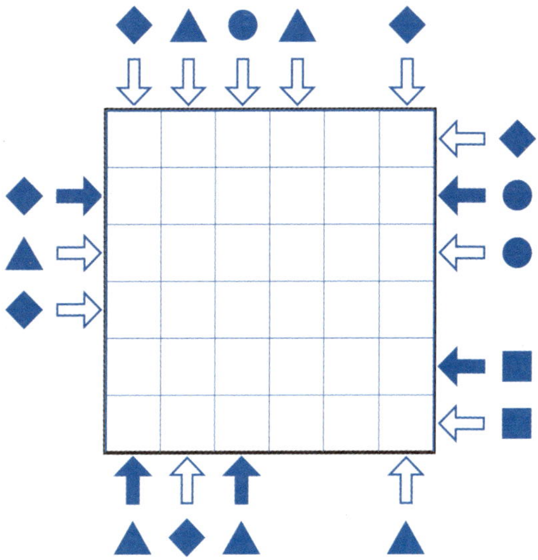

提示：

底部左边的三角形距离箭头标识的起点不远。

题目 36 数字横谷 II

阿德里安的小说主人公、数学教授亚瑟成了一个私人侦探（详见题目 3）。这部小说非常成功，为了将小说改编成电影，编剧请他设计第二个难度更高的数字横谷谜题。你能帮助亚瑟找出符合以下所有线索的 16 个数字吗？所有的数字都是整数，各不相同，且都大于等于 1。

1. A1 = B3 − B1
2. A2 = C2 + D1
3. A3 = B1 ÷ D3
4. A4 = D4 − B4 或 D4 ÷ D3
5. B1 = C4 + 12 或 C4 − 12
6. B2 = A4 ÷ A3

加时题

7. $B3 = D4 - C4$
8. $B4 = A1$ 的一半或二倍
9. $C1 = B2 \times D3$
10. $C2 = D1 + C4$
11. $C3 = D2 - A2$ 或 $D2 - B3$
12. $C4 = 16$ 或 17
13. $D1 = C4 \div D3$ 或 $C4 + D3$
14. $D2 = B4 + C1$ 或 $B4 - C1$
15. $D3 = C4$ 的 1/4
16. $D4 = A2 + B1$ 或 $A2 - B1$

	1	2	3	4
A				
B				
C				
D				

题目37 山姆的数独游戏 II

格蕾丝非常喜欢山姆为她设计的数独游戏（详见题目17），因此在她的生日那天山姆为她设计了一个稍微困难一些的版本。你能帮助格蕾丝完成右侧图中的填空吗？要求每个 3×3 的方格、每一行、每一列都包含 1～9 的数字。

加时题

4						1		9
		1			5		3	6
			1				4	
		9		2	3			7
			8		9			
8			6	5		2		
	6				7			
2	8		5			9		
9		7						5

提示：

比赛能增添趣味性，有时能让你的思维表现更好。为什么不邀请你的朋友或者家人一起来做一下这个数独游戏呢?

题目38 表格方块组 II

试试这道表格方块组题目吧（详见题目 22）。像上次一样，把图 (2) 中的 12 个方块组填到图 (1) 的表格。这些方块组可以被旋转或翻转，但是它们相互之间不能相接，对角方向也不能相接。表格旁的数字代表每行每列中连续的蓝色方块数目。比如“3，2”就代表在一行中，开头是数目不等的空白方块，接着是 3 个连续的蓝色方块，然后是至少 1 个空白方块，然后是 2 个连续蓝色方块，最后是若干空白方块。

加时题

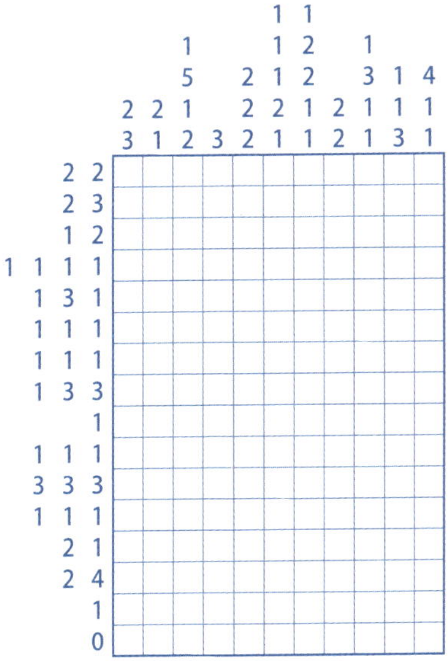

图(1)

图(2)

提示：

你可以从第三列中那 5 个连续的方块开始。

题目39 六角天堂 II

伊曼纽尔的侄子乔治和迭戈非常喜欢他们的叔叔设计的六角形图形数字游戏（详见题目 11）。他们想要另一道这样的题目，作为他们的生日礼物。下面是伊曼纽尔出的题。你能帮帮孩子们吗？

像上次一样，任务要求他们把小六边形填进中间的格子中，还要让小六边形之间相邻的三角形中的数字相同，而且六边形不能被旋转。

时限：5~6 分钟

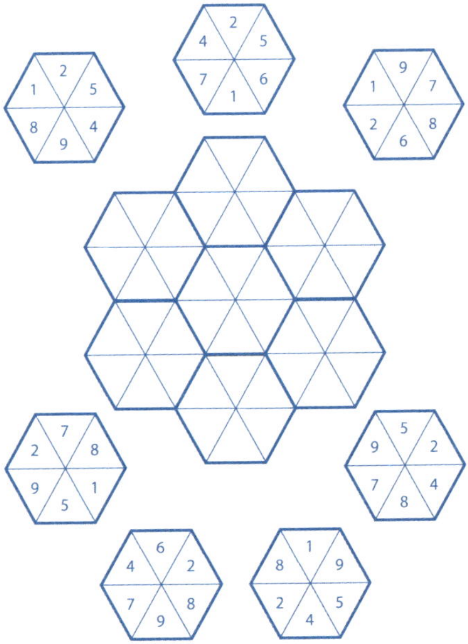

提示：

解决这道题最好的方式就是不断地尝试。

题目 40 接水管

哈伊姆设计了这个接水管游戏，一款机械时代风格的简单老套的游戏，就像纸牌接龙游戏一样。游戏的目标是通过旋转图 (1) 中的每个碟片，每次 90°，使得每个方块都被黑线连接在一起。

为了帮助你玩这个游戏，我们为你提供了图 (2) 的空白表格。

时限：5~6 分钟

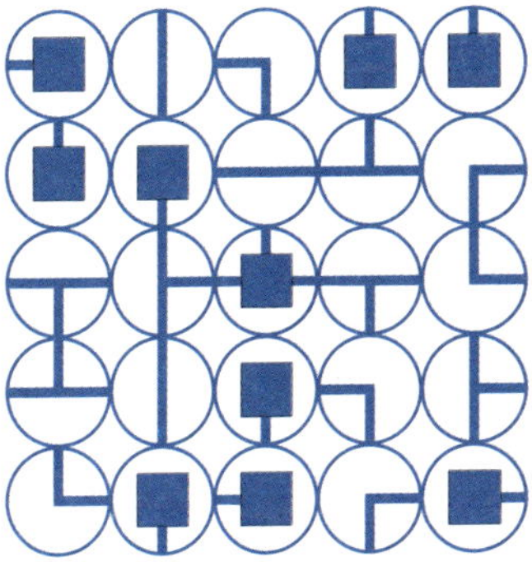

图(1)

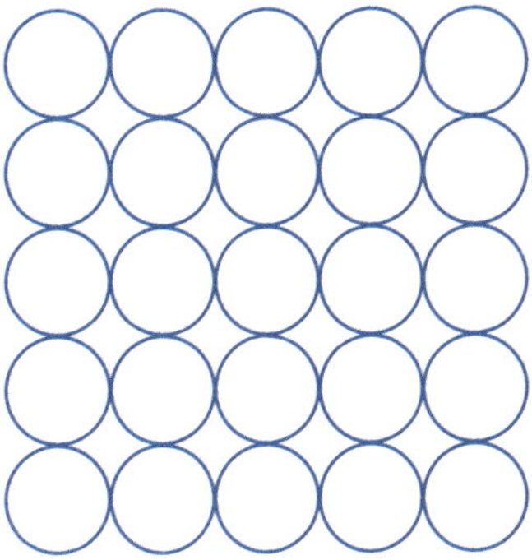

图(2)

提示：

如果你发现没有头绪，就休息休息。去散散步，喝一杯热饮，顺着窗户眺望远方。休息时可以停止计时。

题目41 鲍里斯的生日挑战

鲍里斯对奥尔加为他准备的70岁的生日礼物（详见题目27）非常满意。在奥尔加70岁生日的时候，他也出一道一样的题目，题目如下：

像上次一样，大方阵中的每一个方格都要包含一个数字和一个图形。每行每列都要包含不同的数字和图形。整个方阵中的图案和数字组合不能重复。

加时题

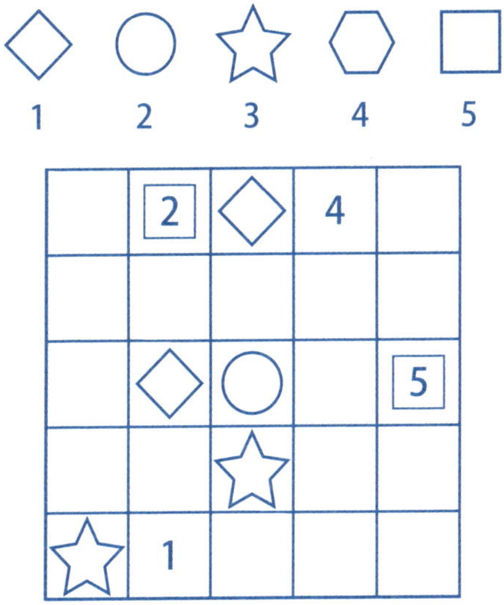

提示：

左下角和右上角的方格包含着相同的图形。

题目 42 “数学帮”的鼠标垫

戈德斯坦的“数学帮”（详见题目 5）日益壮大。他想再设计一个鼠标垫发放给俱乐部的成员。他把要印在鼠标垫上的图案发给印刷工哈桑，但是图案跟覆膜分开了，这层膜原本用来遮盖一些数字。

像上次一样，戈德斯坦先生打电话给印刷师哈桑说，“请遮住一些数字，使得每行每列中都没有重复的数字。但是请注意：被遮住的数字（涂黑的方格）不能在垂直方向或水平方向甚至对角线上相邻（但能在某一角相邻），但是没有被涂黑的方格必须在水平或竖直方向上相接。”你能帮帮哈桑吗？

时限：5~6 分钟

1	7	2	9	4	3	2	3	6	8
1	2	7	8	4	9	1	1	9	4
3	8	2	8	5	7	1	4	9	6
6	9	7	2	5	5	7	8	3	3
4	9	5	3	6	1	4	7	8	9
6	4	6	1	5	2	8	1	5	4
8	6	1	5	7	4	4	6	3	5
9	5	4	6	2	8	2	3	1	7
5	8	8	9	9	2	6	2	1	1
5	6	3	5	4	4	9	7	7	2

提示：

第一行里只有 2 个数字被遮住了。

题目 43 贝利的盒子里是什么？

哲学老师俾先生跟他朋友杰夫人有相似的问题（详见题目 25）。俾先生收养了 7 个女儿，贝娅、贝丽丝、贝丝、贝思、布菲、班蒂、贝利。你能破解下面的密码，得出贝利盒子代表的数值吗？

第一步：先查看第二组中女孩们的盒子上已经被连起来的水平横线，然后与第一组 A～H 几个图案相匹配。比如，A～H 中只有一个盒子有两条水平横线。

第二步：推断出各字母所代表盒子与女孩的盒子之间的对应关系后（根据水平横线推断得出），把所有斜对角的连线和竖直的连线画到女孩们的盒子上再检查一遍。盒子中部如果有白色圆圈，那它一定有对角线（右上左下或者左上右

时限：5~6 分钟

下)。

第三步：推理出所有字母盒子和女孩的盒子的对应关系后，写下每个女孩的盒子所代表的数值。(比如盒子 C=17)

第四步：得出所有女孩的盒子数值后，找出隐藏的数字排列顺序。

第五步:破解数列之后，你就能算出贝利的盒子的数值。

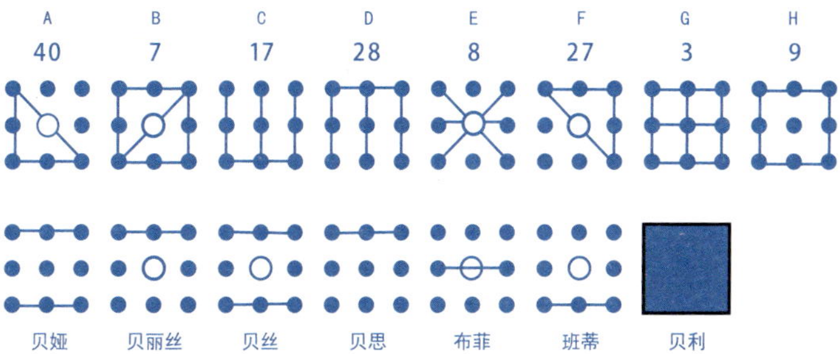

题目44 字母探险家 II

费米非常喜欢他手机上的“字母探险家”这个游戏。因为他在自认为不擅长的事情上做得还不错。他以非常快的速度通关来到第二关。像上次一样，每个椭圆形图案都要包含一个从 A～K 的字母。运用下列线索确定字母的位置。（线索描述的是字母间的相对位置）

1. A 在 H 的正东侧，H 在 B 的正南侧且与 B 相邻。
2. A 在 D 的正南侧，D 在 E 的正东侧，且与 E 相邻。
3. C 在 K 的正南侧，K 在 F 的正西侧，F 在 H 偏北处。
4. G 在 I 的偏北处，在 H 的偏西处，在 J 的偏南处。

时限：5~6 分钟

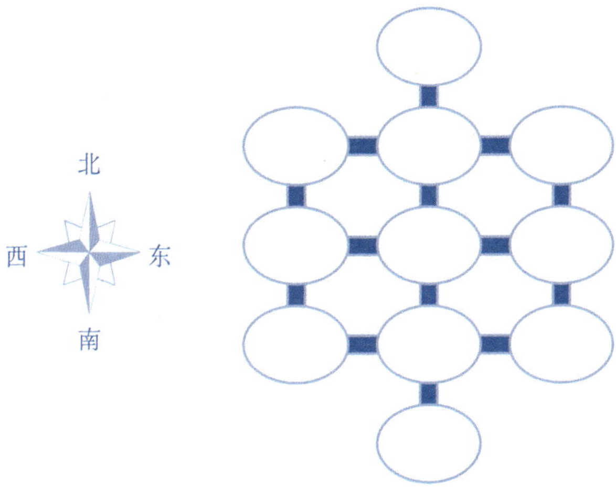

提示：

A 在最东边。

题目 45 克鲁警官的考验

克鲁警官是德拉戈将军的堂弟（详见题目 14 和 30），但是他和见习警员一起工作，而不是军校学生。克鲁警官给他的学生出了这个题目，考验他们的观察力。仔细检查这 8 栋房子，找出它们的排列规律，想想方框中的哪个选项能填到问号处。

时限：5~6 分钟

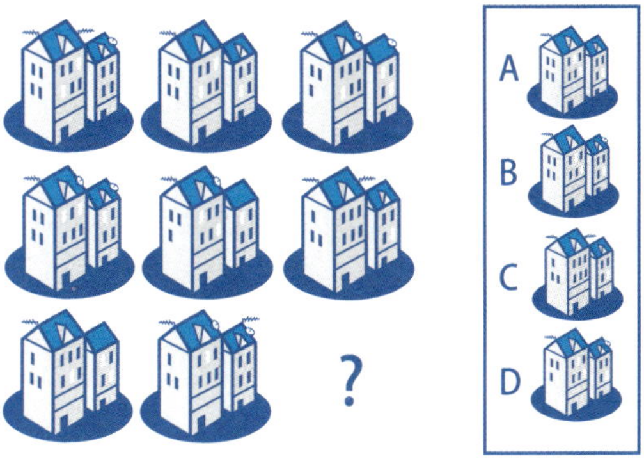

提示：

注意亮着灯的房间。

题目 46 乔瓦尼的冰淇淋谜题 II

诺亚很喜欢咖啡店老板乔瓦尼设计的冰淇淋谜题（详见题目 2）。他希望老板能给他的女朋友瑞贝卡也出一道这样的题目。像上次一样，这些字母按照字母表中的顺序代表 1 ~ 26 不同的数字。瑞贝卡需要破解这个神秘的密码，解答出问号所代表的字母是什么。你能帮帮她吗？

时限：5~6 分钟

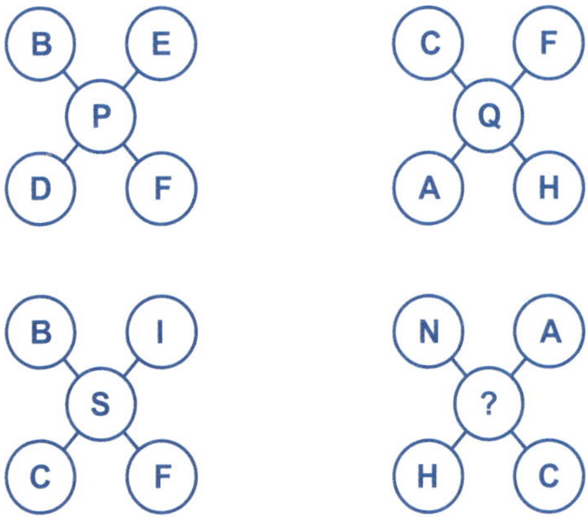

提示：

想想你是否从之前的谜题中学到了关于观察规律的新知识。

题目 47 “L-O”游戏 II

哲学老师艾拉以“L 和 O”之个名字来推广她的“L-O”游戏（详见题目 12）。右图是给游戏制造商的游戏测试版本。像上次一样，右图有 12 个 L 形图案，一共有 4 种类型，每种类型 3 个。每个 L 形图案上都有一个 O 形的洞，这 12 个 L 形图案都被安插在中间的方格中了。通过图中 O 形孔洞的位置，你能确定 L 形图案的位置吗？这些 L 形图案可以被旋转和翻转，但相同种类的 L 形图案不能相邻，即使在边角上也不能相接。这些 L 形图案拼合严密，只能从右图中看到 O 形孔洞的位置，你能解决这个题目吗？

加时题

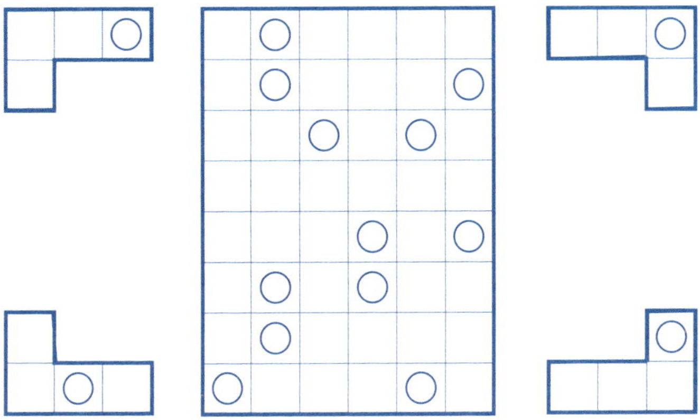

提示：

左上角的 L 是水平放置的。

题目 48 索罗的纸牌游戏

医学学生克里斯蒂亚诺索罗的精力从翻棋子游戏（详见题目 24）转到了纸牌游戏上。他用冰淇淋车上的硬币玩这个游戏。

他用 14 个硬币和 5 × 5 的方格来玩这个游戏，游戏规则如下：任何一个硬币都能跳过另一个硬币，被跳过的硬币就会被拿掉。怎么做才能清除其他硬币，最后只剩一枚在方格中呢？

试试这个游戏吧。他说道："如果最后剩下的硬币在正中心，就能额外得分。"

时限：5~6 分钟

提示：

从最上边的空白方格开始。

题目49 格雷戈里的卡牌游戏 II

下面是格雷戈里为布雷治镇桥酒吧的朋友们设计的另一道卡牌游戏（详见题目33）。像上次一样，你需要推理出每张牌的牌面数值和花色。

所有牌的牌面数值之和为85。12张卡牌上的牌面数值各不相同（在这组牌中，每张牌的牌面数值与它的自然排序数字相同。比如A=1，J=11，Q=12，K=13）。相同颜色的牌在水平方向和竖直方向上不相邻，每行要有4种不同花色，每列要有3种不同的花色。

加时题

1. C 牌的牌面数值比 G 牌小 2，G 牌是红桃。J 牌的数值比 D 牌大。

2. 5 与 K 相邻，在 K 上边，K 与 J 相邻，在 J 的右边。

3. 7 与方片 Q 相邻，在其右边。方片 Q 与黑桃 3 相邻，在其上边。

4. 8 与黑桃 9 相邻，在其上边。

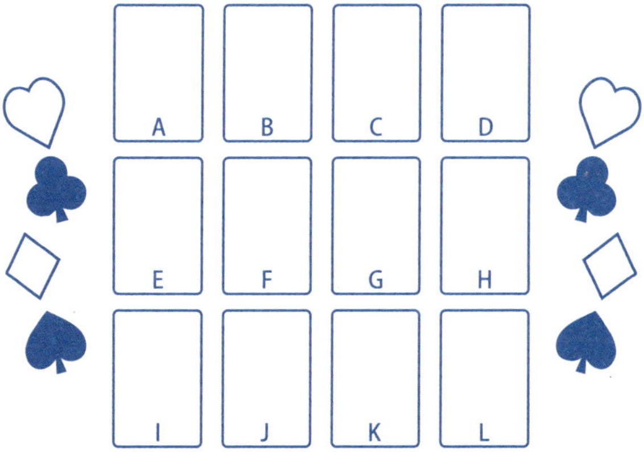

题目 50 威尔逊爷爷的战舰游戏 III

这是威尔逊爷爷给孙子设计的最后一个战舰游戏（详见题目 4 和 18）。这次爷爷加大了题目的难度，因为孩子们的策略技巧提高了。这是最难的一个题目！

像上次一样，表格边的数字代表每一行每一列中被占领的方格或者成组的相连接的被占领方格。游戏任务是要把 3 艘巡洋舰、3 条快艇和 3 个浮标填进下面的表格中，还要与边上的数字相契合。来吧，帮帮尼尔和内森！

时限：5~6 分钟

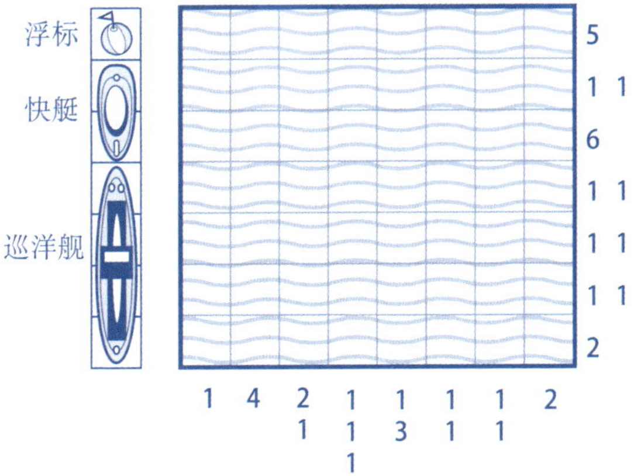

提示：

最上面有一艘巡洋舰。

THINK TACTICALLY

实战训练

现在要将你的目标思考技巧应用到练习中来了。你将在模拟真实的环境中克服种种困难。在这个层面的目标思考上，将训练视为战斗，将自己想象成处在山顶俯瞰世间万物的环境中能帮助你更好地调动思考能力。如果你投入到战斗中，你就能勇敢战斗。但是不要丧失理智。丧失了军师，你的同志们就要牺牲了。问问自己，“我能不能视察全局？我正前往什么方向？现在的境况能不能帮助我抵达目标？我是不是还清楚自己的终极目标是什么？”

河畔城交易会

目标思考中关键的一部分就是对变化的迅速反应。因此，要把挫折和挑战视为证明自己思考能力和适应能力的机会。在实战训练中，你制定应对困难局面的最佳策略。你应该尽可能的保持自己公司的知名度，同时尽量保护自己的优质客户。

你既要时刻保持警觉，又要同时发挥创造性。时刻准备好透过表象看本质。通读整个文章三到四遍，做些注解，记下线索。尽量想出多个计划。不要畏惧未知的前方，你需要见机行事。现在，做个深呼吸，告诉自己，你已经通过了 50 道训练题目，相信自己可以解决之个难题。

你所在的小公司坐落于拜格，主要经营帆布包的进口和加工。你的老板让你去河畔城商品展销会开辟一个新的销售点。这个展销会是今年箱包产业内最重要的一次盛会。你的老板法布里齐奥·拜吉奥要结婚了，他带走了公司的信用卡。你自己的信用卡已经透支，因此这一路上你只能依靠身上仅有的500美元。

在飞往河畔城的飞机上，你遇到了戴夫·迪柏斯。他是你的主要竞争者“拜格西公司”的老板，也是你的老对手。他一直缠着你，向你吹嘘他怎样就能轻易打败你。因此，你的情绪很糟糕，但是当你下了飞机看到来接你的妹妹格蕾丝，你的情绪就变好了。格蕾丝是一个还处在奋斗期的艺术家，她住在河畔城。她激动地跟你说她唱的福音音乐刚得了一个国家大奖，她就要去她的丈夫威尔组织的教堂募款晚会上献唱了！而且有一个国家电视台的音乐节目制作团队要来录像。

在会议举行当晚，由于连续 3 天的大暴雨，河畔城的会展中心被洪水淹没了，商品展销会不得不临时取消。河畔城市长宣布，由于城区内有许多外地的客商和客户，城区街道两侧将不再限制摆摊设点。

不幸中的万幸，你的产品样品和材料都没有损坏。你决定寻找一个新的场所设立销售点。但是洪水很严重，城里只有一个地方安然无恙——在山上，格蕾丝要进行表演的教堂。

格蕾丝说，观雨山上只有一间大厅最适合——在教堂前那条路的尽头。你尝试拨打大厅管理者的电话，但是没有打通。当你走到那里时，大厅的经理埃尔维斯·琼斯告诉你，想要使用这个大厅需要花费 500 美元。你不想花光身上所有的钱，不然你就没钱给客户买饮料和食物了。正在这时，戴夫·迪柏斯凑上来想付全款，他甚至想多给 50 美元。埃尔维斯跟你说，因为你是先来的，如果你能付 500 美元，他就把大厅租给你。他把手机号给了你，要求你在 10 分钟之内考虑好，给他发短信。

你冒雨沿着路一直走，坐在教堂的墙下，你看到威尔和他的同事们正在募款晚会上分发食物。

接着戴夫·迪柏斯走近你，提出来一个看似慷慨的想法。他要求你们俩分担租金共同使用大厅，他会给你 1/3 的利润和 1/4 的新客户资源。

你该怎么做？真的要付全款吗？还是跟戴夫合作？或者冒着大雨在路边摆摊？你该选择哪种方法？你该怎么做？你该怎么思考？

THINK TACTICALLY

答案

要把答案部分当作启发你灵感的源头。我们都遇到过没有头绪的时候，觉得自己想不出办法，需要帮助。如果你真的束手无策了，一定要看答案，看完答案以后再试着重新演练一下答案的思考步骤。这样你就能学会它的思考模式，将来也能运用在其他题目或者现实生活中。与所有题目一样，你有可能会找出其他的解答方法——这说明你能够很好地运用目标思考法了。

题目01 西蒙的符号 I

答案是：圆圈 =4；十字 =3；五边形 =6；方块 =2；星星 =5。学习或工作中要发挥目标思考的作用，需要对现有的信息理解透彻，而这种类型的谜题就是一种很好的训练。西蒙的游戏魅力在于，你只需要按一下掌上电脑的重置键，一个全新的符号题目就又出现了。

题目02 乔瓦尼的冰淇淋谜题 I

答案是 J。中间字母的数值是左侧两个字母数值之和减去右侧两个字母数值之和。因此最后一份冰淇淋就是（B+P）–（E+C）相当于（2+16）–（5+3）=18–8=10。字母表中第十个字母是 J。诺亚用了 98 秒就解决了这道题。乔瓦尼请他喝了一杯免费的意式浓缩咖啡。

题目03 数字横谷

完成后的图表如右图所示。在运用目标思考法解决问题的过程中，你需要准确而快速地处理事实或是严格按照精准的指示去做。这样的题目能很好地锻炼这两方面的能力。在小说中，亚瑟按照表格上的数字输入保险箱的密码，在保险箱里发现了一条新线索。

24	25	3	63
46	4	60	15
21	36	12	8
16	1	7	48

题目04 威尔逊爷爷的战舰游戏

完成后的图表如右图所示。看到两个孙子这么快就解决了难题，威尔逊爷爷很高兴。他跟孩子们说："你们可真像爷爷！像刀锋一样敏锐！"这类题目能锻炼视觉逻辑能力，这也是目标思考能力的重要组成部分。

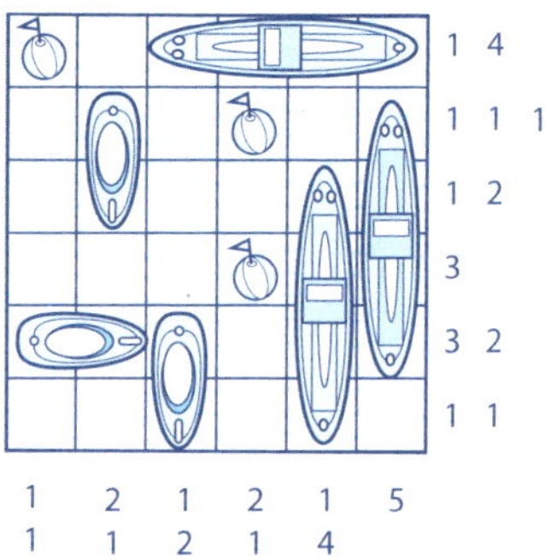

题目05 “数学帮”的T恤衫

按照戈德斯坦先生的要求涂黑了部分方格以后，正确的图表如右图所示。哈桑在这分工作上赚了不少钱，因为他的视觉逻辑能力和目标思考能力还不错，这才完成了这份工作。最后，戈德斯坦先生和他决定把第13页的图表印在T恤衫前面，把右侧的图表印在背面。

4	3	4	2	5	4
2	1	3	1	4	2
4	5	1	4	3	2
4	2	1	5	1	5
5	4	2	1	4	3
1	1	4	3	2	5

题目06 数字填字游戏 I

正确的数字表格如下图所示。这种题目要求你运用数理逻辑能力进行算数，用视觉思维能力将答案填进表格中。

4	x	2	−	6	+	1	=	3
−		+		−		+		
1	+	6	x	4	−	2	=	26
x		−		+		x		
2	+	4	−	1	x	6	=	30
+		x		x		−		
6	+	1	x	2	−	4	=	10
=		=		=		=		
12		4		6		14		

题目07 气球游戏

气球的新排列顺序如下图所示。这种类型的题目对逻辑推理能力的要求较高，同时也能更好地锻炼目标思考能力。

题目08 艾利奥特的数字方格

莫里斯发现的正确答案如右图所示。这类题目能锻炼整体与部分的组合逻辑能力。

3	4	4	4	4	3
1	1	1	1	1	3
1	1	1	1	1	3
2	2	2	4	4	1
2	2	2	4	4	1
2	3	3	4	4	3

题目 09 数字屋 I

这道题不止一个答案。右图是维克拉姆找到的其中一个答案。脑科学家告诉我们，快速处理数字问题能锻炼神经细胞的活性。

12	8	10	8
4	13	11	10
10	7	7	14
12	10	10	6

题目 10 奥瑟姆先生的债务

奥瑟姆先生有 50+20 美元的债务，别人欠他 30 美元，因此他需要还别人 40 美元。同样的，布里安特小姐可以收回 40（10-50）美元，查明先生可以收回 20（10-30+40）美元，德利米夫人需要还别人 20（20-40）美元。因此，奥瑟姆先生应该给布里安特小姐 40 美元，德利米夫人应该给查明先生 20 美元。

题目 11 六角天堂 |

乔治和迭戈完成后的图表如右图所示，所有相邻的三角形都有相同的数字。伊曼纽尔跟他的侄子们说，这个游戏能锻炼他们的判断力。

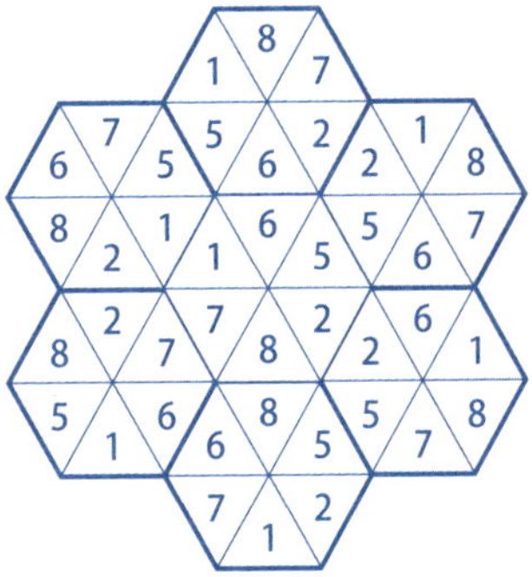

题目 12 "L-O"游戏 |

图中所有的 L 形图案都被勾了出来了，如右图所示。艾拉设计了另一个版本的游戏，将 12 个 L 排列到板子上，让 O 孔按照一定的规律排列。她把这个游戏以"L 和 O"命名放到市场上出售。希望能从大脑训练者和谜题爱好者身上赚一笔钱。

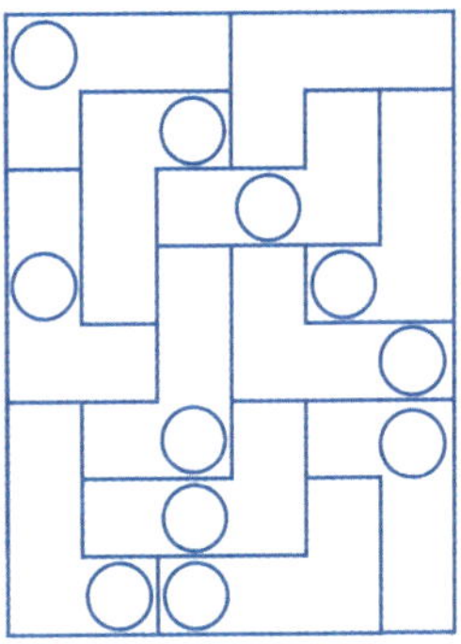

题目13 数字接龙 I

完成后的图表如右图所示。做这种题目能刺激神经元产生新的连结，促进视觉和数理智力的提高。

题目14 德拉戈将军的学院 I

完成后的营地平面图如右图所示。这种练习能提高目标思考能力，因为实习生们需要通过逻辑推理和侧向思考，耐心地寻找方法解决问题。

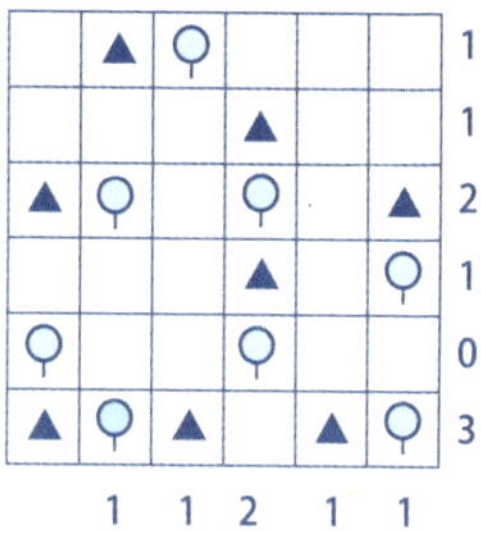

题目15 棒球帽上的星星

埃德温应该选择 C。正确的星星图阵如右图所示。每行每列都有一个图案有粗细两层圆圈、一个图案没有外侧粗圆圈、一个图案没有内侧细圆圈。每行每列都有两个图案中星星内部有环形、一个内部没有环形。每行每列都有两个图案中的星星内部有黑点、一个内部没有黑点。因此缺失的一定是外侧有粗圆圈、内侧没有细圆圈、星星内部有环形和黑点的图案。

题目16 梅尔的象棋挑战

其中一种可能的路径如右图所示。梅尔笑着说道："我喜欢这个游戏！"马文在 2 分钟内就解决了这个谜题。马文是一个象棋老手，也算是视觉推理专家。

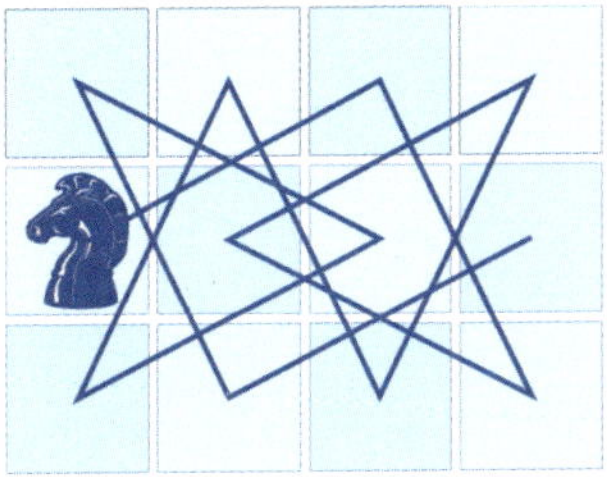

题目17 山姆的数独游戏 I

格蕾丝完成后的数独图表如右图所示。做数独题真的很锻炼大脑。

6	2	1	3	5	7	4	9	8
7	4	8	1	9	2	5	3	6
3	9	5	8	6	4	2	1	7
1	7	6	5	3	8	9	4	2
2	5	9	4	7	6	3	8	1
8	3	4	9	2	1	7	6	5
5	8	7	6	4	3	1	2	9
9	6	3	2	1	5	8	7	4
4	1	2	7	8	9	6	5	3

题目18 威尔逊爷爷的战舰游戏 II

我们的小策略家们完成的图表如右图所示。爷爷的游戏题为你（和孩子们）提供了一个锻炼视觉能力和多线思考能力的绝佳机会。

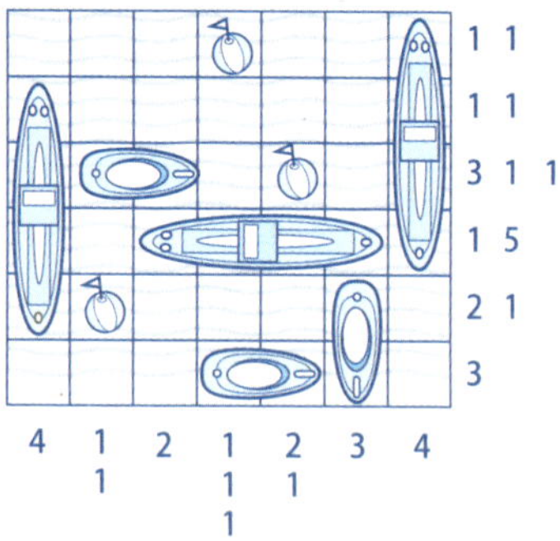

题目19 字母探险家 I

完成后的图表如右图所示。这类题目能锻炼信息转换能力和筹划能力。这样的能力在解答目标思考谜题时很有用，可以进行筹划安排，将互不相干的事实联系在一起。

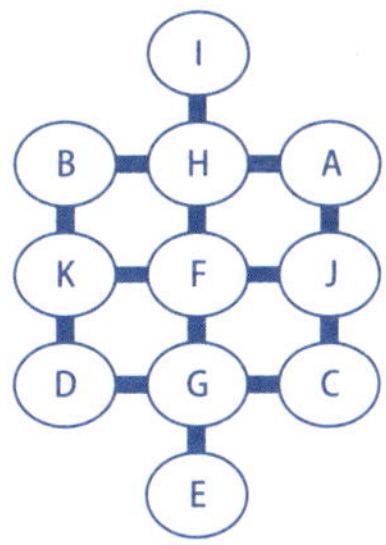

题目20 多米族

完成后的多米诺骨牌牌面如右图所示。这类题目能锻炼目标思考中的快速反应能力。

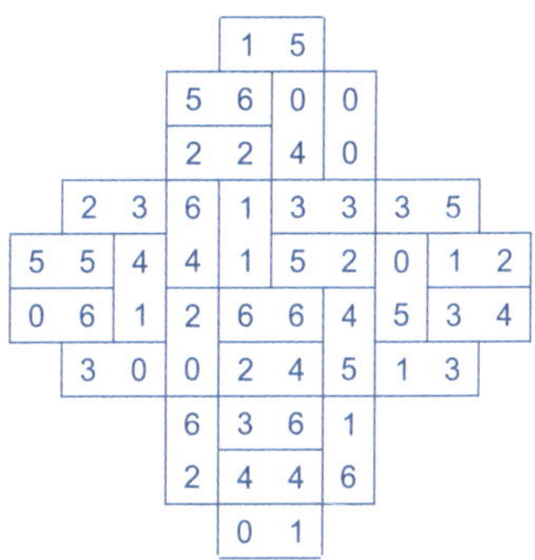

题目21 符号转换 I

完成后的符号转换图表如右图所示。这种题目能锻炼细致的逻辑思考能力，这也是目标反应能力的关键部分。

●		■	◆		▲
	■	▲		●	◆
◆		●	▲		■
	●	◆	■	▲	
■	▲		●	◆	
▲	◆			■	●

题目22 表格方块组 I

完成后的表格方块组如右图所示。目标思考能力要求你在复杂的限制条件下保持清醒，运用视觉能力解决题目。

题目23 数字屋Ⅱ

这道题目的答案不是唯一的。右图是维克拉姆跨越沙漠用到的答案。如果他答错了，沙丘将消解，他会来到下着瓢泼大雨的城市街道。如果他答对了，他将安全翻越重重沙丘。

20	9	12	6
11	9	14	13
5	16	8	18
11	13	13	10

题目24 克里斯蒂亚诺的翻棋子游戏

右图显示的三步棋就能让所有的棋子蓝面朝上。克里斯提亚诺把这个题目教给他的老板吉安弗兰科玩。吉安弗兰科天生就有一双敏锐的眼睛，经过一些简单的逻辑练习，他很快就掌握了这个游戏，用它来取悦他的客人。

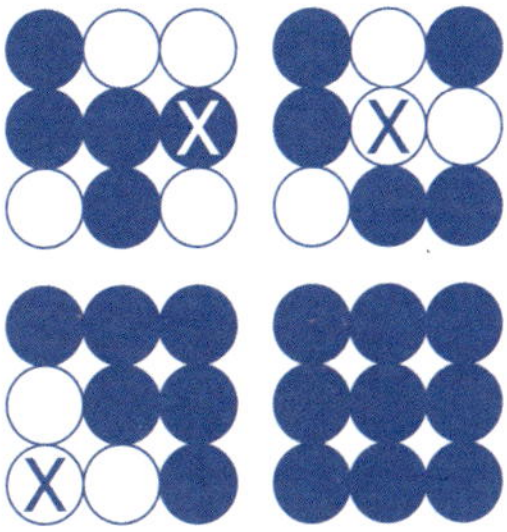

题目25 杰姆的盒子里是什么？

杰姆的盒子数值为 28，其他男孩的盒子的数值分别是：吉姆 =F（13）；乔 =E（19）；杰克 =C（17）；杰夫 =D（24）；乔丹 =A（22）；贾马尔 =B（30）。暗藏的数列规律是 :13（+6）=19（–2）=17（+7）=24（–2）=22（+8）=30，因此接下来的数字一定是 –2（30–2），因此 S 的数值是 28。

题目26 数字填字游戏 II

完成后的填字表格如右图所示。大量的数字工作能加快你的思考速度，提高你的心算技巧。

9	-	5	x	7	+	8	=	36
x		x		-		x		
8	-	7	+	5	x	9	=	54
-		-		x		-		
5	+	9	-	8	x	7	=	42
+		+		+		x		
7	x	8	-	9	+	5	=	52
=		=		=		=		
74		34		25		50		

题目27 奥尔加的生日挑战

完成后的图表如右图所示。这道题目的难度挺高，但是作为一个退休的数学老师，鲍里斯觉得这种题目就是小儿科。将数字谜题和图形谜题相结合可以加倍刺激你的大脑活力。

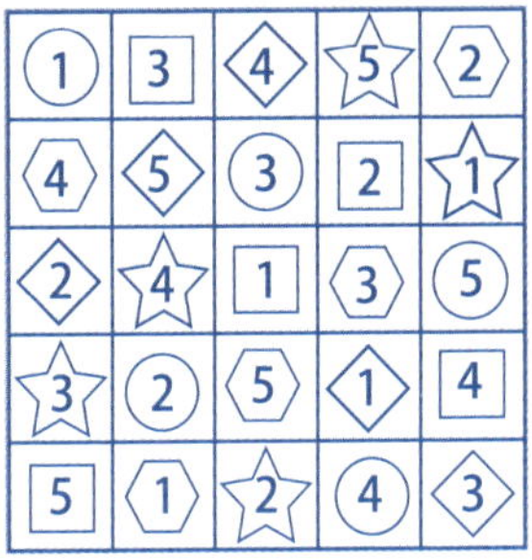

题目28 莫里斯的数字方格

艾利奥特解出的正确的数字方格答案如右图所示。这个题目能锻炼你在遵守规则的情况下处理组织信息的能力。

3	1	1	2	2	4
2	4	4	4	4	2
2	4	4	4	4	2
2	4	4	3	3	2
2	4	4	3	3	2
3	1	1	1	1	3

题目29 方格跳舞

方格的新排列顺序如右图所示。工作和学习等现实环境下的目标思考法往往要求你能够在种种限制下设计出新的素材组合方式——就像这道题目一样。

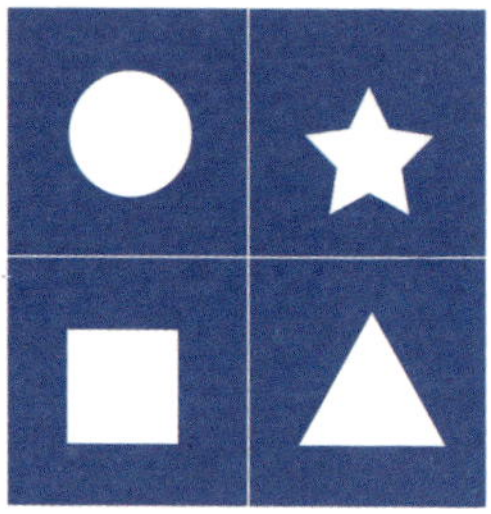

题目30 德拉戈将军的学院 II

完成后的学院平面图如下图所示。这个谜题通过二维平面图上的作业，能够提高你的逻辑思考能力和视觉能力。

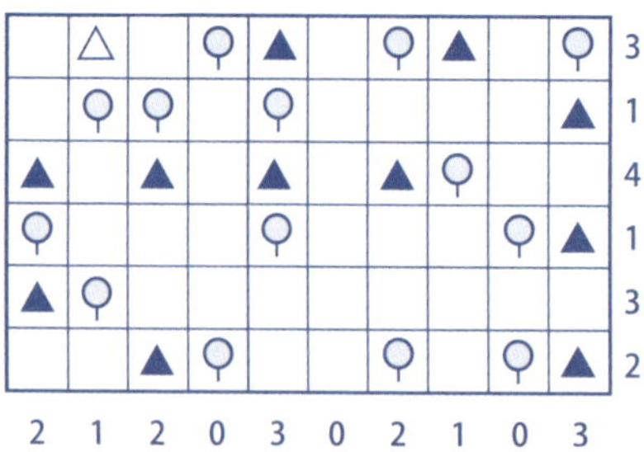

题目31 数字接龙Ⅱ

完成后的数字接龙图如右图所示。这个数字版填字游戏对提高信息反应和处理速度有很大的好处。

题目32 “多米族”酒盘

10 张多米诺骨牌应该按照下图的方式排列。这个题目利用规则和图案锻炼你短期记忆力的同时还能锻炼细节观察能力。

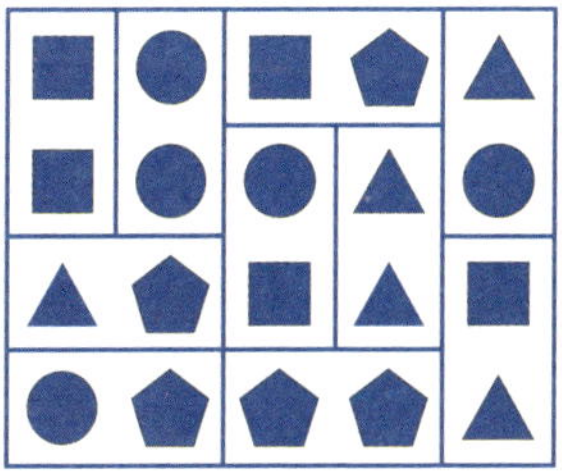

题目33 格雷戈里的卡牌游戏 I

卡牌数值总和为 81（开头），因此没有 10。F 牌不是 J、Q、K（线索 3），G 牌不是 Q 和 K，H 牌不是 K（线索 3，和开头），因此 H 牌是黑桃 Q（2）。L 牌是 K，K 牌是 A，F 牌是梅花（开头）9（3）。J 牌是方片 4（1），I 牌是 7，E 牌是 5，B 牌和 L 是红桃，D 牌是方片（开头）。G 牌是 6，B 牌是 8（3）。因此 E 牌是方片（1），G 牌是红桃。C 牌是梅花 J（4），D 牌是 2，A 牌是 3，A 牌和 K 都是黑桃（开头），I 牌是梅花。

因此：

黑桃 3，红桃 8，梅花 J，方片 2

方片 5，梅花 9，红桃 6，黑桃 Q

梅花 7，方片 4，黑桃 A，红桃 K

安顿在 2 分 38 秒内就解出了这个题目。那是因为他是个扑克高手。你做得怎么样？

题目34 西蒙的符号 II

答案是：圆圈 =7；十字 =6；五边形 =1；方块 =9；星形 =8。得出这些数字之后，第一行就是 9+8+1+8+9=35，第一列就是 9+7+1+6+8=31。这种破解密码的题目在锻炼逻辑思维的同时还能锻炼横向思考能力。这种能力在你面对那些看似不可能的挑战，需要打破窠臼的时候很有用。

题目35 符号转换 II

完成后的图案如右图所示。解决这种题目时，你就像是一个管理者或者将军，按照策略，排兵布阵。

●	■		◆	▲	
◆	▲			■	●
		■	▲	●	◆
■	◆	●			▲
▲		◆	●		■
	●	▲	■	◆	

题目36 数字横谷 II

完成后的图表如右图所示。在这个题目中，数学的部分很简单，但是逻辑部分就很难了。到电影情节中临近高潮的时候，亚瑟解决了这个数字方格难题，得到了他调查的犯罪头目的地址。

40	56	7	21
28	3	68	80
12	36	24	16
20	92	4	84

题目37 山姆的数独游戏 II

格蕾丝完成的数独表格如右图所示。数独游戏本身在你需要集中精神工作之前是很好的热身活动。

4	3	6	7	8	2	1	5	9
7	2	1	9	4	5	8	3	6
5	9	8	1	3	6	7	4	2
6	1	9	4	2	3	5	8	7
3	5	2	8	7	9	6	1	4
8	7	4	6	5	1	2	9	3
1	6	5	3	9	7	4	2	8
2	8	3	5	6	4	9	7	1
9	4	7	2	1	8	3	6	5

题目38 表格方块组 II

完成后的表格如右图所示。这类题目能提高大脑的专注力。

题目39 六角天堂 II

完成后的表格如右图所示。伊曼纽尔见孩子们喜欢这些数字游戏，感到很高兴。因为这些游戏能锻炼预测能力和视觉能力，能很快在神经细胞之间建立连结，对大脑发育很有好处。

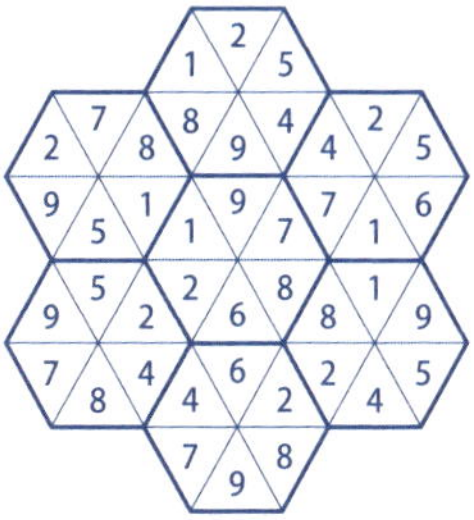

题目40 接水管

最终连接了所有方块的图片如右图所示。你会发现你可以顺着黑线从左上角走到右下角了。要解决这个难题——乃至人生的难题——你需要一定程度的韧性，但是不要在固执中丧失专注力。

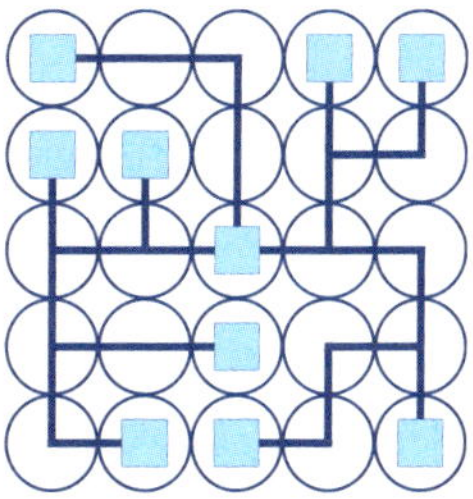

题目41 鲍里斯的生日挑战

完成后的图表如右图所示。鲍里斯和奥尔加很喜欢这种数字图案谜题，因为它们更有挑战性。他们都知道这种谜题能锻炼大脑，保持思维的敏锐。

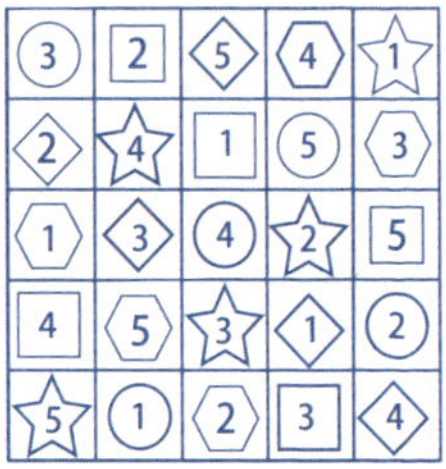

题目42 “数学帮”的鼠标垫

被涂黑的数字如右图所示。哈桑又一次圆满完成了任务。这款鼠标垫很受学生欢迎。哈桑也很喜欢这个挑战题目。他发现这个题目很能开发脑力，因此他给他的儿子穆罕默德设计了一个数字方格游戏。

1	7	**2**	9	4	3	2	**3**	6	8
1	2	7	8	**4**	9	**1**	1	**9**	4
3	8	2	**8**	5	7	1	4	9	6
6	9	**7**	2	5	5	7	8	**3**	3
4	**9**	5	3	6	1	**4**	7	8	9
6	4	6	1	**5**	2	8	**1**	5	**4**
8	**6**	1	**5**	7	**4**	4	6	3	5
9	5	4	6	2	8	**2**	3	**1**	7
5	**8**	8	**9**	9	**2**	6	2	1	**1**
5	6	3	5	**4**	4	9	**7**	7	2

题目43 贝利的盒子里是什么?

贝利的盒子的数值是 20。女孩们的盒子的数值分别是：贝娅 =H（9）；贝丽丝 =F(27)；贝丝=B(7)；贝思=D(28)；布菲=E(8)；班蒂=A(40)。暗藏的数值规律是：9(×3)=27(–20) =7(×4)=28(–20)=8(×5)=40，因此下一个数值一定是(40–20)=20。

题目44 字母探险家 II

完成后的图表如右图所示。这种题目能锻炼精读能力、逻辑思考能力和良好的空间意识。

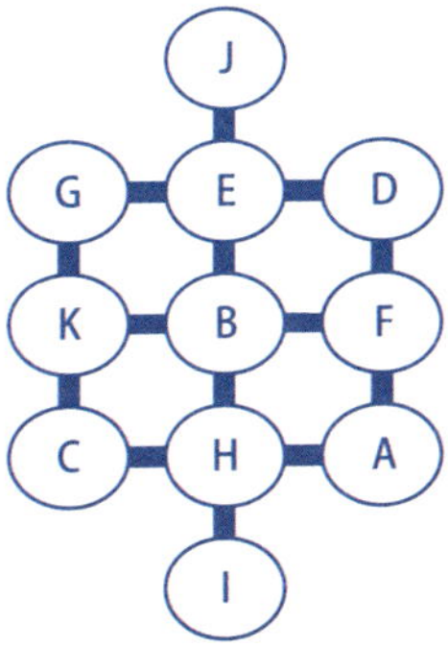

题目45 克鲁警官的考验

答案是B。每行每列都有一幢亮着2盏灯的房子，有一幢亮着3盏灯的房子，一幢亮着4盏灯的房子。每行每列都有一幢有2个卫星碟的房子，都有一幢有1个卫星碟的房子和一幢没有卫星碟的房子。每行每列都有一幢有2根电视天线的房子，一幢有1根天线的房子，一幢没有天线的房子。最后，每行每列都有一个没有屋顶天窗的小房子。因此缺失的图形一定是亮着3盏灯、有1个卫星碟、1根天线、带天窗的房子。

题目46 乔瓦尼的冰淇淋谜题 II

缺少的字母是Y。中间的字母数值是周围4个字母数值之和减1。瑞贝卡得出了正确的答案，跟诺亚分享了冰淇淋。

题目47 “L-O”游戏 II

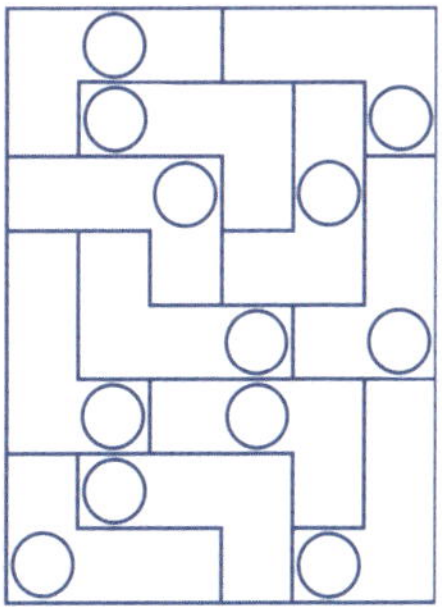

L 图形的轮廓如右图所示。艾拉告诉游戏厂商这个游戏能极大地开发视觉能力和策略能力。她的口号是：“开发视觉思维！开发策略思维！开发目标思维！”她收到了 3 份游戏厂商发来的邀请。

题目48 索罗的纸牌游戏

游戏步骤如右图所示。深色的硬币是将要行动的硬币。第一幅图是开始时的图板。

题目49 格雷戈里的卡牌游戏 II

所有牌的牌面数值的总和为85，因此没有6。G牌是红桃（线索1），因此E牌是方片（开头），B牌或D牌是方片Q（线索3）。如果D牌是方片Q，那么C牌就是7，G牌就是红桃9（1），这不可能（4）。因此B牌是方片Q，A牌是7，F牌是黑桃3（3）。H牌是梅花（开头），D牌、J方向是红桃，L牌是方片。I牌或K（开头）是黑桃9（4）。G牌不是8（1），因此（4）I牌是9，E牌是8，A牌和K方向是梅花，C牌是黑桃（开头）。C牌是2，G牌是4（1和2）。K牌是J（2），L牌是K，H牌是5，D牌是A（1），J牌是10。

因此：梅花7，方片Q，黑桃2，红桃A

方片8，黑桃3，红桃4，梅花5

黑桃9，红桃10，梅花J，方片K

题目50 威尔逊爷爷的战舰游戏 III

完成后的图表如下图所示，爷爷正见证着尼尔和内森通过战舰游戏不断提高自己的视觉能力和逻辑策略能力。

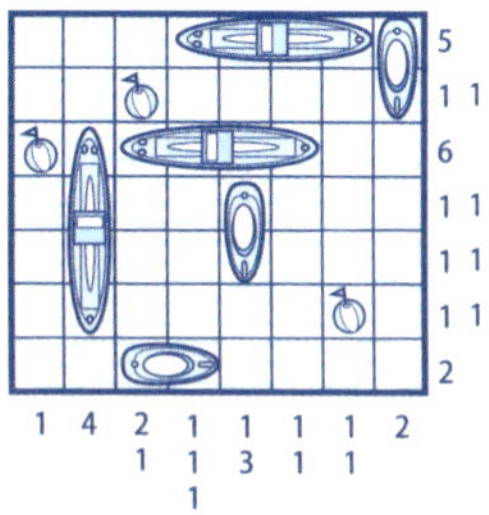

实战训练：河畔城展销会

你正在思索着该怎么决定，戴夫·迪柏斯就在旁边盯着你。你的第一个想法就是："我没办法跟这家伙做生意。"你的第二个想法是："但我不能让私人情感影响判断。如果跟他合作对公司有好处，我就应该这么做。他的主意还不赖，至少我能有所收获。"

但是你又一想："等等，让我退一步想，看看事情的局势是怎样的。考虑考虑我的目标是什么。我有什么资源？如果我这么做了，我是不是在充分利用现有的资源？我能想出更新奇的方法来解决问题吗？"

你的目标是尽可能吸引客户。理想情况下，你希望能让他们感觉愉悦，这样他们才能对你和你的公司留下较好的印象。如果你把所有钱都花在租金上，你就没有钱买饮料和礼物了。如果你和戴夫·迪柏斯合作的话，你就没办法得到尽可能多的客户。雨一直下着，外面很冷。在大街上摆摊可不是个好主意。

你还有什么其他的资源吗？你坐在那里，而教堂中飘出食物的香味。你想起来教堂的福音歌会和筹款晚宴很有吸引力。如果你没有这些问题，你会很期待这场晚会。这时你记起，今晚电视台的录制团队也在现场。

突然间你想出一个主意。首先，你给埃尔维斯发短信说你不需要租借大厅了。然后你跟戴夫说"谢谢你，但是好像不需要说谢谢了，你可以自己包下大厅。"他问你要去做什么，并开始嘲笑你。他说，你的老板拜吉奥会非常恼火的。你非常冷静地回敬他一个微笑。他恼怒地走进雨中回去租借大厅了。

在教堂里，你跟威尔谈了谈，他非常乐意帮你。你同意为募捐活动捐助 500 美元，让你的客户能免费享受食物和音乐。你可以在教堂里展示你的产品，不必冒着大雨推销了。你甚至可以借着这个机会上电视！

你开始给客户们发短信打电话，邀请他们到晚会现场来。格蕾丝画了几张海报，贴在街上和教堂外。上面写道："进来躲躲雨吧！拜格公司为您提供精彩的福音歌曲表演和免费晚餐！你还可以惬意地欣赏我们的帆布包产品！"

然后你开始从格蕾丝的房子往教堂运送你的名片和展示所需的物品。

晚会上，你的计划非常成功。不仅你名单上的客户都来了，还有不少冲着戴夫的展示会来的客户也偶然看到你的海报走进了会场。

唱诗班的歌声非常动听，尤其是那首《在山巅呼唤》。电视节目也将你的商品展示播放出去。食物很丰盛，有沙拉、馅饼、鸡肉和甜点，还有果味宾治酒和河畔城本地精酿的啤酒。

你做得非常好，也为威尔的募捐晚宴做了更多贡献。最后，法布里齐奥·拜吉奥给你打电话说他在电视上看到了现场的情况，他对你的贡献感到非常高兴。你的策略终于得到了回报！